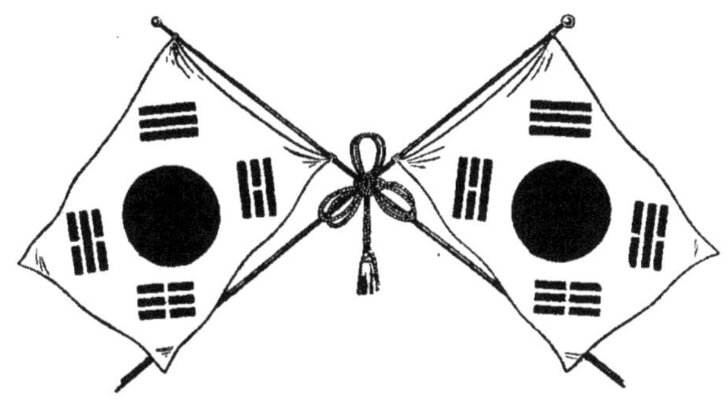

L'INDÉPENDANCE
DE
LA CORÉE
ET
LA PAIX

L'INDÉPENDANCE

DE

LA CORÉE

ET

LA PAIX

LA QUESTION CORÉENNE

ET LA

POLITIQUE MONDIALE JAPONAISE

BUREAU D'INFORMATION CORÉEN

1919

—

BOITE POSTALE : 369-PARIS

CARTE I

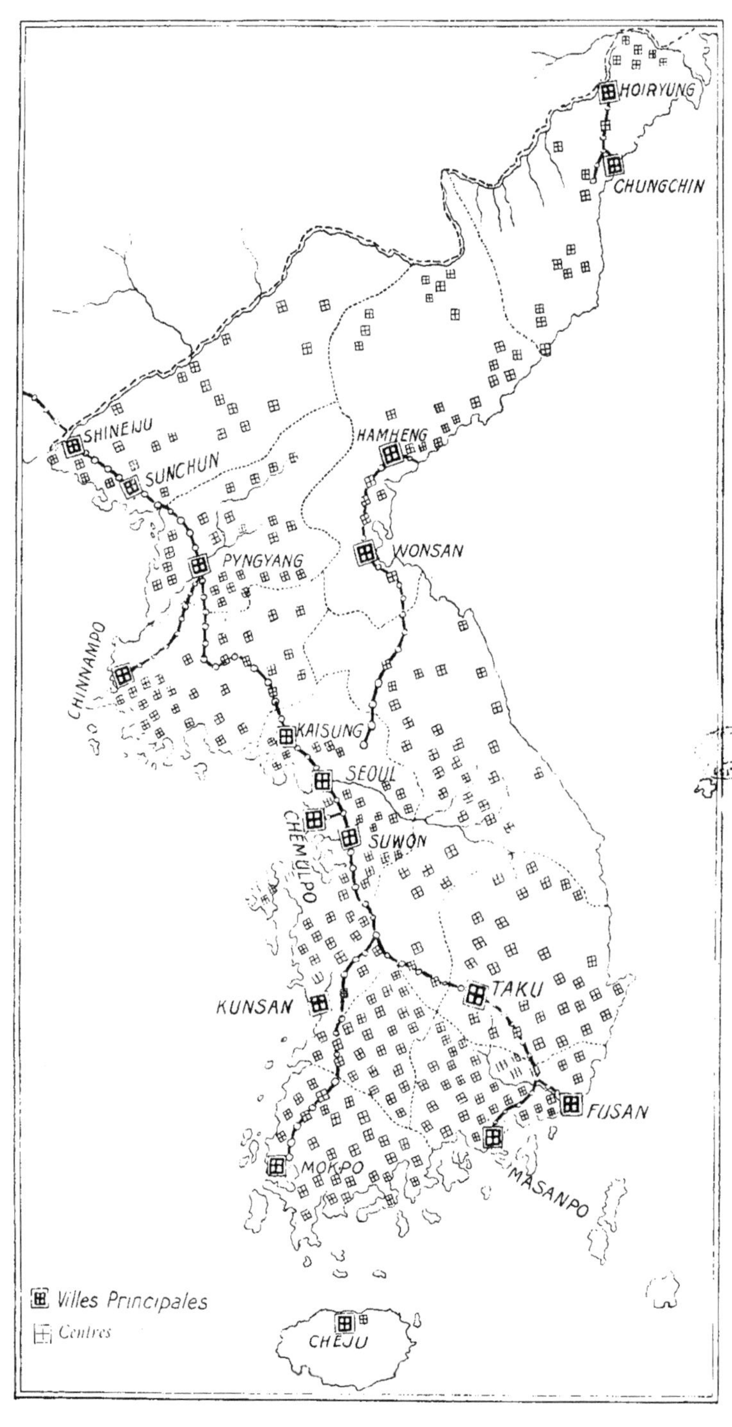

CARTE DE LA CORÉE

INDIQUANT LES CENTRES DU MOUVEMENT NATIONAL

Table des Matières

APPENDICE

Le Chant de la Vaincue*

Mon maître m'a demandé de me tenir au bord de la route de retraite et de chanter le chant de la Vaincue.

Car elle est la fiancée qu'il honore en secret.

Elle a ceint le voile sombre, dissimulant son visage à la foule, le joyau sur son sein luisant dans l'ombre.

Elle est délaissée par la lumière du jour, et la nuit de Dieu l'attend, ses larmes éclairées et ses fleurs trempées de rosée.

Elle est en silence et les yeux baissés, elle a laissé derrière elle sa demeure d'où vient la plainte dans le vent.

Mais les étoiles modulent le chant d'amour de l'éternel à celle dont le visage est doux de honte et de souffrance.

La porte s'est ouverte dans la chambre solitaire, l'appel est venu.

Et le cœur des ténèbres palpite dans l'anxiété de l'heure marquée.

Rabindranath Tagore.

---

*Le célèbre poète et professeur hindou a écrit ce poème sur la Corée à la demande de M. Choy Nam Sun, le tenace publiciste et leader Coréen. M. Tagore témoigne nettement, dans ce poème de sa sympathie ardente envers la Corée, ainsi que de la claire vision qu'il a de la situation réelle de celle-ci, dans la honte et la disgrâce.

Le Pays et le Peuple

TOPOGRAPHIE. — La Corée, le Pays du Matin calme, est une contrée située entre la Chine, le Japon et la Russie. Elle a une superficie de 220.000 kilomètres carrés formant une péninsule qui sépare la mer Jaune de la mer du Japon. C'est le pont qui relie le Japon au continent Asiatique.

La côte mesure à peu près 2.910 kilomètres variant dans sa configuration. Les principaux ports sont : Wonsan (Gensan) sur la côte nord-est, Fusan et Masanpo, à la pointe sud de la péninsule, et Mokpo, Chemulpo, Chinnampo et Yongampo sur la côte ouest.

Il n'y a pas de puissants cours d'eaux en Corée. Le Yalu, le plus long des fleuves coréens, coule de la montagne de Pak Tu (Tête Blanche) à la baie de Corée, dans la mer Jaune, et il forme la frontière entre la Corée et la Mandchurie. On le considérait comme le « Rubicon » de l'Orient dont le passage par les armées fut le signal de nombreuses guerres du passé. Le fleuve Tuman prend sa source dans la même montagne, et, coulant du nord à l'est, se jette dans le golfe de Pierre-le-Grand, dans la mer du Japon. Il sépare la Corée de la Mandchurie du nord-est et de la Sibérie.

Le climat de la Corée est excessivement agréable. Les hivers sont secs, clairs et frais, quoique les étés soient chauds. Située entre les 34° et 43° parallèles de latitude, le climat est celui d'une zône tempérée du nord, ressemblant à celui de Nebraska et Kansas. La quantité de pluie moyenne, d'environ 91 centimètres par an fait croître en abondance une végétation de zône tempérée et met en pleine valeur l'agriculture intensive. La Corée a toujours produit plus de grain que son peuple ne pouvait en consommer et elle subit dans le passé moins de famine qu'aucune contrée de l'est.

Le pays n'est pas moins riche en ressources minérales. L'or, l'argent, le tungson, le graphite, le cuivre, le fer, le charbon et la chaux ont été trouvés en Corée, quelques-uns d'entre eux en gisements abondants. La « Unsan mine » seule, une mine d'or contrôlée par une maison américaine, une douzaine d'années environ après l'octroi de la concession datant de 1896, produisit 1.637.591 tonnes de minerais évalués à 53.505.785 francs.

*
* *

ETHNOGRAPHIE. — L'origine et la classification de la race Coréenne constituent un problème qui déroute les ethnologistes du monde. Les savants Coréens eux-mêmes sont incertains sur l'origine de leurs ancêtres. On trouve des caractéristiques de races malaise, mongole et caucasienne parmi le peuple de Corée.

Il est intéressant de noter l'opinion, à cet égard, des observateurs occidentaux, l'ethnologiste Keene, de Grande-Bretagne, maintient que le peuple Coréen est issu de souche caucasienne mélangée de race mongole, Le professeur Homer B. Hulbert, un ancien éducateur américain, après un séjour en Corée de plus de vingt ans dit, en ce qui concerne les indigènes : « Ils sont éclipsés par la Chine d'un côté, quant au nombre, et, de l'autre par le Japon, quant à la culture. Ils ne sont ni bons marchands, comme le Chinois, ni bons combattants comme le Japonais et pourtant ils sont beaucoup plus que d'autres de tempérament anglo-saxon, et ils sont à beaucoup près le peuple le plus facile à vivre de l'Extrême-Orient ».

Il est bien certain que les aborigènes de Corée se mélangèrent aux autres races asiatiques : les Mandchous, les Mongols, les propres habitants de Chine et les Arians de l'Indoustan. Ils étaient pénétrés du sentiment profond de race et de la solidarité nationale Coréenne bien avant la naissance des nations modernes d'Europe et d'Amérique.

*
* *

HISTOIRE. — L'histoire légendaire de la Corée date de sa constitution en royaume par Tan-Koon en 2333 avant J.-C. Ce royaume fut fondé dans le bassin du fleuve Sungari, qui est maintenant connu sous le nom de Mandchurie du Sud. L'établissement du royaume Fuyu par ce roi mystique est très controversé par la critique historique, mais la venue du roi Kija de Chine, en 1122 avant J.-C. est attestée par un témoignage écrit. Jusqu'à ce jour, les habitants de Pyung-Yang ont pris soin, comme d'un reliquaire sacré, de la tombe de ce sage Chinois, qui leur donna les lois et la civilisation, et les pèlerins visitent annuellement cette Mecque de Corée.

L'histoire de la Corée n'est pas pacifique; il y eut des invasions et contre-invasions de la Chine et du Japon, telles que la conquête du pays par Gangis-Khan en 1218, et l'invasion Japonaise sous Hideyoshi en 1592. Mais tôt ou tard la Corée réussit à refouler les invasions étrangères et maintint le pays libre et indépendant.

La dynastie de Yi, qui finit le 29 août 1910 fut fondée par Yi Taijo en 1392. Il commandait l'armée Coréenne envoyée pour envahir la Chine. Mais l'ambitieux général tourna ses forces contre son suzerain, usurpant ainsi le trône de Corée. Il conclut promptement une alliance avec la Chine et reconnut la suzeraineté nominale de cette dernière, afin de se réserver l'amitié et l'appui de l'Empire Chinois. Depuis lors la Corée vécut en Etat nominal de vasselage avec son grand voisin, mais elle fit des traités avec d'autres nations, et s'administra d'après ses propres lois, indépendantes de la Chine.

La Corée fit son premier traité avec le Japon en 1876, en voici le premier article : « Chosen, étant un état indépendant, jouit des mêmes droits souverains que le Japon ». Le traité Coréen-Américain fut fait en 1882; celui entre la Corée et la Grande-Bretagne en 1883, et un fut conclu avec l'Allemagne la même année; avec l'Italie en 1884; avec la France en 1886. Tous ces traités avec les principales puissances occidentales furent faits et exécutés avant que la Chine eut reconnu la complète indépendance de la Corée en 1895, quand le roi de Corée assuma le titre d'Empereur.

En 1882, le roi de Corée écrivit au président des Etats-Unis : « Maintenant que les gouvernements des Etats-Unis et de Corée sont sur le point de se lier par un traité, les rapports entre les deux nations seront établis en tous points sur un pied d'égalité et de courtoisie et le roi de Corée s'engage formellement à ce que tous les articles du traité soient reconnus et accomplis suivant la loi des états indépendants.

Ainsi il est clair que la Corée a toujours maintenu son indépendance et son entité nationale durant les quarante siècles de son histoire jusqu'à ce que le protectorat lui fut imposé par le Japon en 1905 et que, subséquemment elle fut annexée à l'empire Japonais en 1910.

*
* *

CIVILISATION. — La Corée durant la dynastie de Tan-Koon, semble avoir atteint à un degré de civilisation rarement constaté parmi les peuples primitifs, notamment dans l'art d'écrire, la culture du sol et l'apprivoisement des animaux. Mais cette civilisation fut submergée par celle des Chinois apportée par Kija, en 1122 avant J.-C. Ce noble Chinois introduisit un nouveau langage écrit, les idéographes Chinois établirent un gouvernement stable, édictèrent des lois sages et développèrent en général une civilisation qui fut même supérieure à celle qui existait en Chine à cette époque.

« Au temps de Samuel » dit un écrivain occidental, « le prophète d'Israël et de Tiglath-Pileser, roi d'Assyrie, 500 ans avant que Nabopolassar eut fondé la dynastie chaldéenne, tandis qu'Athènes était un village obscur, que l'on n'avait pas encore entendu parler de Rome et que l'Europe était un pays inculte habité seulement par des tribus sauvages; on dit que le noble Chinois d'une aussi haute culture, posa les fondations de l'ordre social dans la Corée du Nord. Sa figure colossale domine la première histoire des Coréens autant que Abraham domine celle des Hébreux ».

Pendant la période de la dynastie de Sila, le peuple absorba beaucoup de la civilisation Hindoue à travers le Bouddhisme, qui était alors la religion dominante de la péninsule. Il cultiva les arts, bâtit des murs autour de ses cités, fortifia des points stratégiques, employa les chevaux, les bœufs et les wagons; fit de la soie, fondit des minerais, manufactura du fer, et fit du commerce avec d'autres royaumes. Koradadbeh, un géographe du IXe siècle décrit les Coréens comme ayant fabriqué des clous, et établit qu'ils montaient à cheval sur des selles, portaient de la soie et manufacturaient de la porcelaine. Encore, d'après un écrivain occidental : « les archives Japonaises montrent que les Japonais eux-mêmes apprirent en premier des Coréens la culture des vers à soie, le tissage des vêtements, l'architecture, l'impression des livres, la peinture des tableaux, l'embellissement des jardins, la fabrication des harnais de cuir et le façonnage d'armes plus utiles... Tandis que les Chinois inventaient l'art d'imprimer avec des blocs de bois mobiles, les Coréens inventaient un caractère de métal en 1403. Ils employaient un alphabet phonétique au début du XVe siècle. Ils employèrent le compas de marine en 1525. Ils inventèrent en 1550, un instrument astronomique qu'ils appelèrent à juste titre « une mesure céleste ». La monnaie était en usage comme moyen d'échange en Corée bien avant qu'elle le fut dans le nord de l'Europe. Ils firent usage des canons et des obus explosifs lors de l'invasion Japonaise en 1592. Le premier vaisseau de guerre cuirassé fut inventé par un Coréen, l'amiral Yi-Sun-Sin, au XVIe siècle. Il l'appela « bateau tortue » à cause de sa forme, et il le dirigea avec tant d'efficacité contre les Japonais, qu'il détermina la défaite de la flotte de Hideyoshi...

« Tandis que les Japonais prouvaient qu'ils étaient les plus forts à la guerre ils subissaient profondément l'influence des Coréens dans le domaine religieux et dans les arts de la paix. La Corée donna le Bouddhisme au Japon en 552 après J.-C.

« Ceux qui louent les Japonais pour leurs exquises porcelaines de Satsuma ignorent que les Coréens, il y a fort longtemps, enseignèrent aux Japonais l'art de sa fabrication ».

Des associations coopératives pour des entreprises d'affaires et des compagnies d'assurance pour la protection mutuelle sous forme de diverses corporations, fonctionnèrent en Corée de temps immémorial. Quelques lignes écrites par Mrs. Isabella Bird Bishop sur la Kyei (corporation) Coréenne, sont instructives :

« Ce penchant pour l'assistance mutuelle, par où, en Corée comme en Chine, le faible trouve en quelques mesures protection contre le fort, produit les plus utiles résultats. Cette Kyei, ou principe d'association, qui représente un des traits les plus remarquables de la Corée, se traduit sous forme de Compagnies d'assurance, d'associations de bénéfice mutuel, de syndicats de prêts d'argent, de tontines, d'agences de mariages et d'enterrements, de grandes corporations de commerce et beaucoup d'autres.

« Avec ses innombrables associations, dont je n'ai relevé qu'un petit nombre, la vie Coréenne est singulièrement complète et le monde des affaires Coréen est beaucoup mieux organisé que le nôtre, presque tous les commerçants du pays étant membres de corporations, puissamment liées ensemble et ayant le trait commun de secours mutuel en temps de besoin. Ces traditions d'action commune, et la stricte probité qui est essentielle pour le succès d'entreprises combinées, constituent la charpente sur laquelle reposent plusieurs compagnies coopératives dont une des plus importantes est une tannerie ».

William Elliot Griffis, un grand savant Américain, en fait d'histoire et de civilisation orientales, écrit ce qui suit sur le système d'éducation de Corée :

« Elle favorise l'éducation en créant des capacités scolaires, contrôlées dans les examens littéraires, d'où dépend leur nomination dans les bureaux (du gouvernement) », — et les Coréens sont fiers de leur aristocratie intellectuelle — ce « service civil de Réforme » fut établi à Chosen, par la dynastie qui règne actuellement, dès le XVe siècle. L'éducation en Corée est publique et encouragée par le gouvernement, mais seulement parce que c'est un titre pour un emploi gouvernemental et une promotion officielle. En instituant des examens littéraires pour le service civil et militaire, en les ouvrant nominalement à tous compétiteurs, et en donnant toutes les places vacantes à des candidats victorieux, on a créé et maintenu un goût constant pour la culture.

« En réalité, la civilisation que les occidentaux trouvèrent en Corée quand elle fût ouverte pour la première fois au commerce occidental, était positivement inférieure à ce qu'elle avait été. Ceci, naturellement ne veut pas dire que la Corée fût en décadence. L'histoire d'Italie, de Grèce et d'Egypte, montre que la civilisation d'un peuple a son flux et son reflux. Le génie virtuel de la Corée de nos jours s'éveille sous l'influence directrice de la culture occidentale et de la démocratie chrétienne. Voilà l'esprit de la nouvelle Corée. »

La Corée et le Japon

Les premiers rapports directs Coréo-Japonais remontent au VIe siècle, quand les pirates Japonais essayèrent de piller la côte ouest de la Corée, qui était alors divisée en trois royaumes, Kokuryu, Synla et Paiktché. Les pirates Japonais furent repoussés par les Coréens et depuis, l'histoire des relations Coréo-Japonaises fait corps avec celles des agressions incessantes des pirates comme il advint entre la Chine et le Japon, juqu'au XVIe siècle quand Hideyoshi, le général Japonais, envahit la Corée dans l'intention de la conquérir et, au besoin, la Chine.

***

L'ORIGINE DE LA CIVILISATION DU JAPON. — Pendant ce temps, les pacifiques Coréens pensèrent que ce serait préférable de conquérir les « Barbares de l'Est » par l'éducation et non par la force. Dans la première moitié du VIe siècle, un grand savant Coréen Wangyin (en Japonais Wany) apporta aux Japonais les « Analectes Confuciennes » et les « Mille Lettres » tandis qu'un prêtre bouddhiste, Hyeryang, était envoyé au Japon pour prêcher la doctrine bouddhiste. Tous les deux passèrent leur vie au Japon pour la culture du peuple Japonais et furent les initiateurs de la vie cultivée du peuple Japonais.

***

REPRISE DE L'AMBITION DE HIDEYOSHI. — Hideyoshi reprit ses projets ambitieux sous la forme d'impérialisme moderne, avec les enseignements de Yoshida Shoin les maîtres très respectés du Genro ou d' « anciens hommes d'Etat » tels que les princes Ito et Yamagata, le Marquis Inouye, etc.

A la fin du dernier siècle, le « Programme Yoshida » dont tous les détails figurent sous le titre de « Continent Japonais », dans ce pamphlet, commença à être mis à exécution, et la Corée devint sa première victime.

Le Japon se mit à flatter le parti progressif qui avait pour but des réformes politiques et économiques. Il intervint d'abord dans la politique intérieure de la Corée et, en conséquence, en 1885, des démonstrations anti-Japonaises éclatèrent à Séoul. Les Japonais demandèrent satisfaction à la Chine, car dans les émeutes de Séoul, les troupes Chinoises furent présumées avoir pris part. Le résultat de ces négociations fut la Convention de Tientsin, en 1885, aux termes de laquelle le Japon et la Chine s'accordèrent à retirer leurs troupes respectives de Corée et à ne pas en envoyer sans que l'une des deux puissances en ait eu préalablement avisé l'autre. Plus tard quand il y eut un soulèvement contre le Gouvernement corrompu de Corée, ce gouvernement requit l'assistance du gouvernement Chinois pour réprimer la rébellion. Et lorsqu'elle fut étouffée, aucune des deux puissances ne voulut retirer ses troupes.

La Chine ayant refusé de se mêler de la politique intérieure de la Corée, le Japon lui a déclaré la guerre et, avec la victoire, il acquit l'autorité suprême à Séoul. Sa politique rencontra, cependant, de fortes résistances chez les Coréens; et particulièrement la reine Minn s'opposa à l'intervention des Japonais et fit échouer leurs intrigues les unes après les autres. Le Japon la considéra comme l'obstacle le plus formidable à l'exécution du Programme Yoshida, qui ne pouvait être possible qu'en la supprimant. Dans « La Corée et ses Voisins » livre de Miss Bishop, une dame Anglaise qui en avait été témoin oculaire, l'assassinat de la reine Minn est ainsi raconté : « Les troupes Japonaises entrèrent au palais et se formèrent en ordre militaire, sous le commandement de leurs officiers, autour de la petite cour et à la porte de la maison du roi, protégeant les assassins dans leur œuvre meurtrière... Au moment où les Japonais forçaient le palais, le roi infortuné espérant détourner leur attention et donner à la reine le temps

LES JAPONAIS CRUCIFIENT LES CORÉENS CHRÉTIENS

"COUPABLES" DE VOULOIR LA LIBÉRATION DE LEUR PAYS DU JOUG JAPONAIS

CRUCIFICATION AU XXe SIÈCLE

(Photographie prise par "l'International Film Cie" quelques minutes après l'exécution, par les soldats japonais, des manifestants pacifiques coréens, attachés aux croix et fusillés).

PHOTOGRAPHIE II

MANIFESTATION PACIFIQUE A SÉOUL AU MOIS DE MARS 1919

PHOTOGRAPHIE III

LA POLICE JAPONAISE FORCE LES CORÉENS A OUVRIR LES MAGASINS FERMÉS PENDANT PLUS D'UN MOIS EN SIGNE DE PROTESTATION

d'échapper, vint dans une pièce où il pouvait être vu distinctement. Quelques uns des assassins Japonais se précipitèrent en brandissant leurs épées, renversèrent sa Majesté, battirent et traînèrent par les cheveux quelques unes des dames du palais en sa présence. Le prince héritier, qui était dans une chambre plus reculée, fut saisi; son chapeau arraché et déchiré, et il fût traîné par les cheveux et sous la menace des épées fut sommé de montrer le chemin conduisant chez la reine. Celle-ci, fuyant les assassins fut rejointe, poignardée et jetée à terre comme morte mais, on raconte, d'autre part, que revenant un peu à elle, elle demanda si le prince héritier!... était sauf, sur quoi un Japonais lui sauta à la gorge et la transperça de son épée. »

De cette façon le Japon écrasa le parti antijaponais en Corée, sans autre résultat que de faire du peuple Coréen tout entier son ennemi implacable. Mais lorsque se manifestèrent les convoitises russes touchant la Corée, toute la péninsule s'unit comme un seul homme contre la formidable agression du Nord.

Le Japon eut une belle occasion d'intervenir et les Coréens se virent dans la nécessité d'une réconciliation temporaire avec les défenseurs de l'Asie Orientale. Une alliance Coréo-Japonaise (1904) fut formée et la Corée devint pour le Japon une base d'opérations militaires. En matériel et en hommes, la nation coréenne fut pour le Japon d'une aide très efficace.

*
* *

TRAITE CONCLU ET TRAITE ROMPU. — Au début de la guerre Russo-Japonaise, le Japon déclara au monde qu'il luttait pour préserver l'indépendance politique et l'intégrité territoriale de la Corée. Il donna à la Corée un engagement précis à cet effet. C'est ainsi que l'Article III du traité Coréo-Japonais du 23 février 1904, déclare : *Le gouvernement impérial du Japon garantit expressément l'indépendance et l'intégrité territoriale de l'Empire Coréen.* Le gouvernement Coréen se fia implicitement à cet engagement du gouvernement Japonais et forma une alliance offensive et défensive avec le Japon contre la Russie. En vertu de ce traité, le contrôle des communications postales et télégraphiques en Corée fut donné au Japon pour faciliter ses opérations militaires. Mais le Japon n'eût pas plus tôt gagné la guerre qu'il rompit le traité solennellement contracté avec la Corée, ainsi que sa déclaration au monde, en s'emparant de la Corée à la pointe de la baïonnette. Voici un récit de ce traité conclu et rompu, fait par Arthur Mac-Lennan dans la *Diplomatie et Violence japonaises en Corée*, publiée par l'Association Coréenne nationale en mai 1919 :

« Le traité entre le Japon et la Corée, signé « le 17 novembre 1905, se présente par lui« même comme un document qui fit con« naître au monde que la souveraineté de la « Corée avait fait son temps et que ce pays « était devenu un Etat Japonais. La façon « dont le traité est rédigé fournit la preuve « indiscutable des intentions impérialistes du « Japon sur la Corée et les raisons de l'éta« blissement de son protectorat.

« Au début de novembre 1907, le marquis « Ito arriva à Séoul comme envoyé spécial « de l'empereur du Japon, présentant une « série de demandes rédigées en forme de « traité. Ces demandes réclamaient de la « Corée qu'elle abdique son indépendance « en tant que nation, et qu'elle livre aux « Japonais le contrôle de son administration « intérieure.

« L'Empereur et ses ministres de cabinet « furent épouvantés, mais ils maintinrent « avec fermeté leur refus d'accéder aux de« mandes. Après des heures d'argumenta« tion de la part de l'envoyé Japonais pour « lui persuader de signer le traité afin d'assurer la paix à l'Orient, l'Empereur parla :

« " L'acceptation de vos propositions signi« fierait la ruine pour mon pays; c'est pour « quoi j'aimerais mieux mourir que d'y ac« céder." »

« Les ministres, également, à la requête « des Japonais tinrent sur-le-champ un « Conseil de cabinet au palais, en présence « de l'Empereur. Ce fut dans l'après-midi « du 17 novembre 1905.

« F. A. Mackenzie, le journaliste Anglais « très au courant de la politique orientale, « qui était alors en Corée a donné sur l'in« fortuné Conseil de cabinet de cette après« midi de novembre, le compte rendu sui« vant :

« Pendant tout ce temps, l'armée Japonaise « avait organisé un grand déploiement de « force militaire tout autour du palais. « Toutes les troupes Japonaises de la région « défilaient depuis plusieurs jours à travers « les rues et les grandes places en face du « palais. Les hommes portaient leurs fusils « de campagne et étaient armés jusqu'aux « dents. Ils firent des marches, des contre« marches, des assauts, des attaques simu« lées, occupèrent les portes, placèrent leurs « canons en position, et firent tout ce qu'ils « purent, sauf des actes de violence immé« diate, pour démontrer aux Coréens qu'ils « étaient en mesure d'imposer par la force « leurs exigences.

« Toute cette mise en scène prenait pour « les ministres eux-mêmes et pour l'Empe« reur, une signification sinistre et terrible. « Ils ne pouvaient oublier la nuit de l'année « 1895 où les soldats Japonais avaient paradé « autour d'un autre palais, et où les pires « spadassins d'entre eux s'étaient frayés « leur chemin à l'intérieur et avaient assas« siné la reine. Le Japon l'avait déjà fait une fois; pourquoi ne recommencerait-il pas? Pas un de ceux qui résistaient à la volonté de Dai Nippon qui ne vit l'épée sur sa tête, et qui, cent fois, ce jour-là, n'entendît en imagination le fracas des obus Japonais.

« Ce soir-là, des soldats Japonais, baïonnette au canon, entrèrent dans la cour du palais et restèrent près de l'appartement de l'Empereur. Le marquis Ito arriva alors, accompagné du général Hasegawa, commandant l'armée Japonaise en Corée, et une nouvelle attaque fut entreprise contre les ministres.

« Le marquis demanda une audience à l'Empereur. L'Empereur refusa de la lui accorder, disant qu'il souffrait d'un grand mal de gorge. Le marquis pénétra alors jusqu'en présence de l'Empereur et réclama personnellement de lui une audience. L'Empereur maintint son refus. « Retirez-vous, s'il vous plaît, et discutez la question avec les ministres du Conseil », dit-il.

« Alors, le marquis Ito sortit et alla trouver les ministres. « Votre Empereur vous commande de conférer avec moi et de trancher le débat », déclara-t-il.

« Une nouvelle conférence fut ouverte. La présence des soldats, les éclairs des baïonnettes au dehors, les commandements brefs qu'on entendait à travers les fenêtres du palais n'étaient pas sans effet.

« Les ministres avaient lutté plusieurs jours; ils avaient lutté seuls. Aucun représentant étranger ne leur avait offert aide ou conseil. Ils ne voyaient en face d'eux que soumission ou destruction. Des signes de fléchissement commencèrent à paraître.

« Le Premier Ministre effectif, Han Kew Sul, bondit sur ses pieds et dit qu'il allait se rendre auprès de l'Empereur, lui raconter le discours de traîtres. Han Kew Sul fut appréhendé par le secrétaire de la Légation Japonaise, jeté dans une pièce à côté et menacé de mort. Le marquis Ito alla même vers lui pour le convaincre. « Ne céderiez-vous pas, dit-il, si votre Empereur vous le commandait? » — « Non, dit Han Kew Sul, pas même. »

« C'en était assez. Le marquis Ito alla sur-le-champ vers l'Empereur. Han Kew Sul est un traître, dit-il, il vous défie et déclare qu'il n'obéira pas à vos ordres. »

« Pendant ce temps, les autres ministres attendaient dans la salle du Conseil. Où était leur chef, l'homme qui les avait tous adjurés de résister jusqu'à la mort? Les minutes se passaient et il ne revenait pas. Alors un murmure circula que les Japonais l'avaient tué. Les rudes voix des Japonais se firent plus stridentes. Toute courtoisie et modération furent abandonnées. Entendez-vous avec nous et soyez riches; ou bien résistez-nous et périssez. »

« Pak Che Sun, un des hommes d'Etat Coréen, fut le dernier à plier. Mais lui-même finalement abandonna la lutte.

« Aux premières heures du matin, l'ordre fut donné que le Sceau de l'Etat soit apporté de l'appartement du ministre des Affaires étrangères et qu'un traité soit signé. Une difficulté nouvelle surgit alors. Le garde du sceau avait reçu antérieurement des ordres de ne livrer le sceau sous aucun prétexte, même si son maître le lui commandait. Quand des ordres lui furent envoyés par téléphone, il refusa d'apporter le sceau et il fallut que des messagers spéciaux lui fussent envoyés pour le lui prendre par la force.

« L'Empereur lui-même affirme à ce jour qu'il n'a pas consenti. »

« Un journal de Séoul, le *Whang Sung Shinmum* fit paraître un résit véridique de ce qui s'était passé. Le journal fut immédiatement supprimé et son éditeur jeté en prison, mais dans son dernier numéro, il exprima la plainte de la Corée apprenant la signature du traité, en écrivant ce paragraphe final :

« "Est-ce la peine, pour aucun d'entre nous, de vivre plus longtemps? Nos hommes sont devenus les esclaves d'autres hommes et l'esprit d'une nation qui fut indépendante pendant 4.000 ans, depuis les jours de Tan Kun et de Ke-ja, a péri en une seule nuit. Hélas, ô compatriotes, hélas!" »

Voici le traité :

Les gouvernements Japonais et Coréen, désireux de renforcer l'identité des intérêts qui unissent les deux Empires, et ayant le même but en vue, se sont accordés sur les articles suivants qui auront force contraignante jusqu'à ce que la puissance et la prospérité de la Corée soient reconnues pleinement établies :

I. Le gouvernement Japonais, représenté par le ministère des Affaires étrangères de Tokio, aura dorénavant le contrôle et la direction des relations et intérêts de la Corée à l'étranger; des représentants diplomatiques et des Consuls Japonais protégeront les intérêts et les sujets Coréens à l'étranger.

II. Le gouvernement Japonais prendra sur lui la charge d'exécuter les traités existant entre la Corée et les pays étrangers, et le gouvernement Coréen s'engage à ne négocier aucun traité ou accord de nature diplomatique sans l'intermédiaire du gouvernement Japonais.

III. *a*) Le gouvernement Japonais nommera sous Sa Majesté l'Empereur de Corée un résident général pour le représenter, qui séjournera à Séoul pour administrer principalement les affaires diplomatiques, avec la prérogative d'avoir avec Sa Majesté des audiences privées.

b) Le gouvernement Japonais est autorisé à nommer un résident dans chaque port ouvert de Corée, et dans les autres lieux où la présence d'un tel résident est jugée nécessaire. Ces résidents, soumis au contrôle supérieur du Résident général, administreront toutes les charges appartenant jusqu'ici aux Consulats Japonais en Corée ainsi que toutes les autres affaires nécessaires au bon accomplissement des clauses de ce traité.

IV. Tous les traités et accords existant entre le Japon et la Corée dans la mesure où ils ne portent pas préjudice aux clauses de ce traité, demeureront en vigueur.

V. Le gouvernement Japonais garantit qu'il maintiendra la sécurité et respectera la dignité de la Maison Impériale Coréenne.

Des pétitions, des lamentations, des suicides en manière de lamentation et des luttes entreprises par la population Coréenne désarmée contre l'autorité militaire Japonaise, ne produisirent nul effet. Le Japon avait un argument invincible : la force. Au moment de la Conférence de la Haye en 1907, l'empereur Coréen y envoya ses représentants faire un appel aux puissances pour la restauration de l'indépendance de la Corée. Les envoyés ne réussirent pas à se faire donner une audience, mais ce cas fournit une ample excuse aux autorités Japonaises en Corée pour affermir leur gouvernement de fer. Une pression fut exercée pour inciter l'Empereur à abdiquer en faveur de son fils, faible d'esprit. Au même moment, un traité fut signé entre les ministres du cabinet qui agissaient dans l'exercice de leur charge comme les instruments du gouvernement Japonais, et le marquis Ito alors Résident général en Corée. En voici le texte :

Le gouvernement du Japon et le gouvernement de la Corée, désireux d'arriver au rapide développement de la puissance et des ressources de la Corée et de servir le bien de son peuple, ont, en vue de ce but, conclu les stipulations suivantes :

ARTICLE I.

Le gouvernement de la Corée agira sous la direction du Résident général, pour ce qui regarde les réformes dans l'administration.

ARTICLE II.

Le gouvernement de la Corée s'engage à n'édicter aucune loi, ordonnance ou règlement, à ne prendre aucune importante mesure d'administration sans l'assentiment préalable du Résident général.

ARTICLE III.

Les affaires judiciaires de Corée seront traitées à part des affaires de l'administration ordinaire.

ARTICLE IV.

La nomination et le renvoi de tous les fonctionnaires supérieurs de la Corée seront faits avec le concours du Résident général.

ARTICLE V.

Le gouvernement de la Corée nommera comme fonctionnaires Coréens les sujets Japonais recommandés par le Résident général.

ARTICLE VI.

Le gouvernement de la Corée n'engagera aucun étranger sans le concours du Résident général.

ARTICLE VII.

L'article I du Protocole entre le Japon et la Corée signé le 22 août 1905 perd, dorénavant, toute force contraignante.

En témoignage de quoi, les Soussignés, dûment autorisés par leurs gouvernements respectifs, ont signé cet accord et y ont apposé leurs sceaux.

MARQUIS HIROBUMI ITO (Sceau),
Résident général de S. M. I. J.

Le 24e jour du 7e mois de la 40e année de Meiji.

YI-WAN-YONG (Sceau),
Ministre-Président de l'Etat.

Le 24e jour du 7e mois de la 11e année de Kwangmu.

Au moment de l'établissement du protectorat sur la Corée, le gouvernement Japonais assura le monde extérieur aussi bien que le peuple Coréen que le protectorat était plus ou moins une mesure temporaire pour mieux assurer la paix en Orient jusqu'à ce que le gouvernement Coréen soit mieux affermi. Mais maintenant le Japon a été jusqu'à briser même cette promesse. La Corée a été annexée en 1910 et faite province Japonaise. Voici ce qu'on a appelé le « traité » d'annexion :

S. M. l'Empereur du Japon et S. M. l'Empereur de Corée, en vue des relations spéciales et étroites entre leurs pays respectifs, désirant augmenter le bien-être commun des deux nations et assurer la paix permanente en Extrême-Orient, et étant convaincus que ces buts pourront être le mieux atteints par l'annexion de la Corée à l'Empire du Japon, ont résolu de conclure un traité de cette annexion et ont nommé à cet effet pour leurs plénipotentiaires, savoir :

S. M. l'Empereur du Japon,

Le vicomte Masakata Téraouchi, son Résident général et

S. M. l'Empereur de Corée,

Ye-Wan-Yong, son Ministre Président d'Etat.

Lesquels, par suite des conférences et délibérations mutuelles, sont convenus des articles suivants :

ARTICLE PREMIER. — S. M. l'Empereur de Corée fait la cession complète et permanente à S. M. l'Empereur du Japon de tous les droits de souveraineté sur la totalité de la Corée.

ART. 2. — S. M. l'Empereur du Japon accepte la cession mentionnée dans l'Article précédent et consent à l'annexion complète de la Corée à l'empire du Japon.

ART. 3. — S. M. l'Empereur du Japon accordera à LL. MM. l'Empereur et l'ex-Empereur, et à Son Altesse le prince héritier de Corée et à leurs Epouses et Héritiers, des titres, dignités et honneurs qui sont appropriés à leurs rangs respectifs, et des dons annuels seront faits pour maintenir ces titres, dignités, et honneurs.

ART. 4. — S. M. l'Empereur du Japon accordera aussi des honneurs et traitements appropriés aux membres de la Maison Impériale de Corée et à leurs héritiers autres que ceux mentionnés dans l'article précédent; et des fonds nécessaires pour maintenir ces honneurs et traitements leur seront octroyés.

ART. 5. — S. M. l'Empereur du Japon conférera la pairie et des dons pécuniaires à ceux des Coréens qui, à cause de services méritoires, sont jugés dignes de ces reconnaissances spéciales.

La Corée sous la Domination Japonaise

L'indépendance de la Corée a été supprimée à l'heure même où elle s'éveillait pour un développement meilleur.

Il est maintenant du plus haut intérêt de savoir comment le pays a été administré. Un rapport impartial de l'administration Japonaise en Corée est d'autant plus important qu'il est démontré que la Corée a progressé sous la domination Japonaise. Il n'est pas exagéré de louer le progrès accompli depuis l'annexion. Mais avant que la Corée n'ait retrouvé son indépendance, on ne saurait répondre à cette question, car se gouvernant elle-même, n'aurait-elle pas progressé comme le fait n'importe quelle autre nation moderne par l'accroissement du commerce extérieur et l'application des sciences à l'industrie?

Admettons que ces progrès soient le résultat de l'heureuse administration Japonaise et que la Corée se gouverne pour son propre bien. Mais comment ces progrès ont-ils été réalisés et dans quel esprit la Corée est-elle gouvernée?

L'Organisation administrative.

La forme et le principe de l'organisation administrative sont ceux des autres nations et il serait fatigant de les décrire. Il suffit pour répondre à notre but de décrire les particularités les plus saillantes. Parmi celles-ci la fonction de gouverneur général, représentant l'autorité la plus haute dans un pays où n'existe aucune institution parlementaire est quelque chose de très intéressant. D'après la loi, qui peut être appelée la constitution de Corée, ce devrait être un général ou un amiral Japonais. Il n'est pas responsable devant le parlement Japonais, mais directement devant le Mikado. Il n'y a pas une seule institution au Japon ou en Corée qui puisse critiquer sa politique, tous les journaux Japonais ou Coréens, qui essayent d'élever la voix contre sa politique sont impitoyablement suspendus ou achetés. Le Japon veut s'imposer par un esprit militaire. Il élève des soldats de tous rangs aux places de fonctionnaires, depuis le général gouverneur jusqu'au docteur de l'hôpital gouvernemental et aux instituteurs. Tous ces fonctionnaires doivent porter des uniformes et des sabres qui ne se distinguent guère de ceux de l'armée Japonaise. Le Japon a commencé avec une garnison permanente de deux divisions en Corée. Mais après quelques années d'une administration tendant à l'assimilation. le gouvernement semble avoir trouvé, que sans une armée formidable, l'administration de ces 19 millions de population antagoniste était impossible. La question des renforcements en Corée a, en conséquence, joué un grand rôle dans la chute de maint cabinet au Japon même, et le résultat en a été finalement : 2 divisions de renfort en 1915-1916. Le renforcement était superflu. Il y avait, comme il y a maintenant, assez de policiers et de gendarmes pour étouffer tout le mouvement révolutionnaire contre le régime existant. La statistique officielle de 1915 montre qu'il y avait 273 quartiers généraux de police et de gendarmerie. C'est un nombre étonnamment considérable comparé à celui des institutions charitables, telles qu'hôpitaux et écoles qui étaient respectivement de 14 et 386 établis par le gouvernement. Police et gendarmerie travaillent de concert sous le contrôle de l'inspecteur général de la gendarmerie. La plupart des insurgés politiques Coréens sont traités comme des criminels ordinaires et souvent, sans lecture préalable devant un tribunal, le jugement est prononcé à la gendarmerie d'après les lois soi-disantes « lois particulières ». *Le Japon mène la Corée avec un esprit militaire.* Citons un des premiers journaux de Tokio « le Tokio Asahi » dont les opinions politiques sont estimées impartiales au Japon même. « Il n'y a pas de doute que les Coréens et les Japonais aient également souffert de la discipline militaire du Comte Terauchi, qui a été d'une rigueur plutôt extrême. Il est vrai qu'il a adopté une attitude menaçante envers les Coréens sous certains rapports. Mais en même temps il a fait quelques efforts énergiques pour les protéger contre l'exploitation de Japonais sans scrupules. Malheureusement la manière d'exécuter cette protestation a été si maladroite qu'elle s'est montrée comme une sorte de bienveillance mal appliquée, qui attira de la part des Coréens des plaintes plutôt que des remerciements. L'autorité militaire du Comte Terauchi était tellement insupportable et oppressive que ceux qui sont en Corée (c'est-à-dire les Japonais) sont enclins à exprimer leur sympathie aux Japonais chez eux, à la nomination du Comte Terauchi comme premier ministre. Mais en même temps ils se félicitent de son éloignement de Corée (voir l'exemplaire de la première et deuxième semaine d'octobre 1916). Le « *Tokio Asahi* » est infatigable, il attaque finalement un des points de la politique du Comte Terauchi : « La croisade du Comte Terauchi contre la presse a été quelque chose de vraiment efficace. Il a écrasé les journaux les plus puissants et forcé les faibles à se soumettre, il a bouché toutes les issues du libre courant des opinions et n'a pas permi au monde extérieur de connaître l'état réel de la Corée »

L'Administration judiciaire.

Dans de telles circonstances, il n'est pas étrange que l'administration judiciaire elle-même soit appliquée arbitrairement. Le Japon a déclaré que la Corée était gouvernée par les mêmes lois que le peuple Japonais. Malheureusement ce gouvernement par la loi est une formalité pure et simple.

Récemment un professeur de l'Université Impériale de Tokio, le Dr Yoshino, payé par le trésor gouvernemental, qui a étudié en Europe à titre d'étudiant du gouvernement, écrit un article dans le « *Tschno Koron* » (journal mensuel de Tokio, juin 1916) au sujet de l'administration de Corée, comme le fit le Dr Kamilié au sujet de l'administration de Formose. Il a voyagé en Corée et en Mandchurie, afin de se rendre compte des conditions réelles de ces pays : « Quant à ce qui concerne la loi, dit-il, Coréens et Japonais sont absolument sur le même pied, la sécurité et le respect de leurs vies, leurs privilèges, leurs propriétés sont également garantis. Ceci est la théorie, mais le fait n'est pas tout à fait pareil. Il va sans dire que les Coréens sont les sujets d'une nation détruite. A l'étranger on a dit que la Corée avait été annexée au Japon d'après le désir du peuple Coréen. Pourtant en regardant au fond des choses l'affaire s'est présentée différemment. En réalité, la Corée a été annexée par le Japon ».

De quelle manière la théorie devient-elle inutile en pratique?

D'après la maxime légale que « la loi spéciale » précède la loi générale dans son application les « six codes » Japonais sont pratiquement inutiles quand les codes volumineux de la loi spéciale sont appliqués. Il faut aussi se rappeler que ces codes spéciaux ou généraux, sont faits par des Japonais, peuple tout à fait étranger aux Coréens, qui ignorent l'histoire, les institutions traditionnelles, les coutumes, et surtout les sentiments du peuple Coréen. Même en admettant que ces lois conviennent aux Coréens, l'application elle-même est arbitraire. Le fameux procès appelé « la Conspiration Coréenne » démontre à lui seul comment un Coréen est protégé par la loi. Arrêter d'innocents cultivateurs, de jeunes étudiants et beaucoup d'intellectuels à cause de cette conspiration présumée contre la vie de Terauchi, c'est excessif. Sa vie nous paraît avoir peu de valeur, tant que le militarisme dominera dans l'Empire Japonais. La police a traité les prisonniers d'une manière telle que ce seul fait a inspiré aux « Coréens pro-Japonais » une haine amère. Les mesures sont nettement contre les intérêts du Japon lui-même, puisqu'elles inspirent au peuple Coréen un sentiment fortement anti-Japonais. Aucune personne réfléchie n'aurait voulu croire à ces rumeurs contradictoires d'après lesquelles on aurait systématiquement torturé afin d'obtenir une confession, mais malheureusement ces rumeurs se révèlent fondées : les prisonniers torturés au nombre de 123 sont maintenant délivrés et il ont raconté, chacun de leur côté, quelles agonies, ils avaient souffertes (*voyez illustrations*). Les crimes politiques passés, comme l'assassinat de la reine Minn, sont encore présents à la mémoire du peuple Coréen. Ces nouveaux procédés vont certainement entraîner ce peuple de 19 millions dans une haine encore plus acharnée. En réalité, les Coréens sont plus éloignés que jamais de cette assimilation tant vantée, elle nous semble plutôt un prétexte servant une toute autre cause. Si cette assimilation est réellement le but de l'administration, depuis que les Coréens sont privés du pouvoir, il faudrait que le gouvernement en vue d'élever des citoyens capables dans l'Empire, encourage l'éducation.

L'éducation

L'éducation devrait être telle que le peuple en soit reconnaissant à l'administration Japonaise. Mais le Professeur Yoshino, qui est sûrement bien informé, écrit : « Comme je visitais une certaine école en Corée, le directeur (*qui ainsi que tous les directeurs des écoles gouvernementales est Japonais*) m'a dit : « Nous regrettons que les

« Coréens deviennent plus instruits depuis « peu. A mon avis, il vaudrait mieux ne « pas leur donner trop d'éducation, et ceci « dans l'intérêt des Japonais. Il semble « qu'une certaine classe d'hommes influents « soit d'avis que les Coréens devraient rester « ignorants. C'est seulement pour la forme « qu'on parlerait de leur éducation. » Ce que le directeur de l'école a dit est certainement bien naïf, mais c'est l'exposé franc de la tendance générale de la méthode d'éducation appliquée en Corée par les Japonais. Cet exposé est précisément ce que démontrent les faits suivants. Dans l'Annuaire Officiel pour 1917 le nombre des écoles publiques pour les Coréens est de 526, c'est-à-dire *une pour 31.650 habitants Coréens*, tandis que le nombre des écoles publiques destinées aux Japonais est de 367, c'est-à-dire *une pour 874 habitants Japonais*. Malgré cette grande inégalité dans la répartition de l'éducation nationale pour les deux sections de la population du pays, le gouvernement a construit dans cette même année 59 *nouvelles écoles pour les Japonais* contre 25 *écoles* seulement *pour les Coréens*. En voyant une telle partialité comment peut-on parler d'égalité entre Japonais et Coréens? Pour donner les mêmes facilités d'éducation aux Coréens qu'aux Japonais, *ce n'est pas* 526 *écoles qu'il faudrait mais* 19.048.

On pourrait dire ici : la qualité vaut mieux que la quantité. Voyons ce que c'est que la qualité de ces écoles. D'abord, si l'assimilation est le but de l'administration, pourquoi alors construire des écoles séparées pour les Japonais. La réponse pourrait être que dans l'une l'enseignement se fait en langue Coréenne et dans l'autre en langue Japonaise.

Mais, en réalité, l'instruction se donne dans toutes les écoles de l'Etat en langue Japonaise. En 1908, il y avait 233 professeurs Coréens dans les écoles publiques, contre 63 Japonais; en 1913, les professeurs Coréens étaient 1.138 contre 458 Japonais, c'est-à-dire les professeurs Coréens sont en augmentation de 4,8 contre 7,2 Japonais en cinq années.

Un élève Coréen doit employer les deux tiers de son temps scolaire à apprendre la langue Japonaise et elle lui est familière au bout d'un an. Quelle autre raison y a-t il pour faire une différence entre l'éducation d'un Japonais et celle d'un Coréen sinon que les sujets enseignés dans les deux sortes d'écoles diffèrent en qualité et en degré? Dans l'école Coréenne de garçons l'enseignement de l'histoire et de la géographie de Corée et d'autres pays, excepté celle du Japon, est défendu. Les langues étrangères sont aussi prohibées. Pour l'éducation supérieure, aucun exemple n'est plus frappant que celui d'un collège où le droit et la politique ont été enseignés. Depuis l'annexion toutes les matières, telles que droit international, droit constitutionnel, droit criminel, etc., ont été remplacées par l'étude de la langue Japonaise. Les exercices militaires ont été commandés par des officiers Japonais, et de nouvelles matières d'étude comme la « Rédaction des lettres officielles » sont inventées par le « Département d'Education » du gouvernement. Lorsque la Corée était indépendante, le gouvernement envoyait des étudiants au Japon et dans les pays européens et américains pour y continuer leurs études. Depuis l'annexion aucun étudiant n'est allé à l'étranger excepté au Japon, mais alors seulement ceux qui « désirent étudier les sciences industrielles » (voir les rapports, etc.). Est-ce que le gouvernement accorde la permission de s'en aller aux étudiants qui désirent aller à l'étranger par leurs propres moyens? Non, et, si ces étudiants arrivaient à partir en se déguisant, ils ne pourraient plus rentrer, leurs noms étant mis sur « la liste des personnes dangereuses ». Chacune d'elle est surveillée par un détective gouvernemental. Même s'il leur était possible de vivre dans de telles conditions, ils ne trouveraient pas d'occupation en Corée; le gouvernement n'admet les Coréens qu'à des places très subalternes et dans les entreprises privées on ne désire pas employer ceux dont le nom figure sur « la liste des personnes dangereuses ».

L'accès aux examens pour les services supérieurs n'est pas permis aux Coréens. Il y a seulement quelques fonctionnaires judiciaires qui servent plutôt d'interprètes que de juges. Ils n'ont pas le droit de se mêler aux affaires d'un procureur public. Aucun juge Coréen n'est autorisé à examiner le cas d'un Japonais. Leurs appointements sont à peu près le tiers de ceux de leurs collègues Japonais qui reçoivent une somme considérable d'indemnité outre leurs appointements quoi qu'ils soient sortis d'une même école, qu'ils occupent le même rang et soient chargés des mêmes affaires. (Le professeur Yoshino, dont la critique pénétrante de l'administration est restée sans réplique, est du même avis concernant les faits précédents.) Ainsi, les Coréens sont complètement exclus du gouvernement, et *n'ont pas le droit de critiquer les mesures prises contre leurs intérêts*, qui sont souvent des intérêts vitaux.

Le Travail.

C'est l'ouvrier qui souffre le plus des mesures prises par le gouvernement parce qu'il est forcé de travailler sans recevoir de salaire. Le Dr Yoshino est plus au courant que moi-même de ce travail forcé; il écrit : « Les Coréens ne s'opposent pas du tout à la construction de bonnes routes. Cependant la manière officielle d'exécuter ces

CARTE II

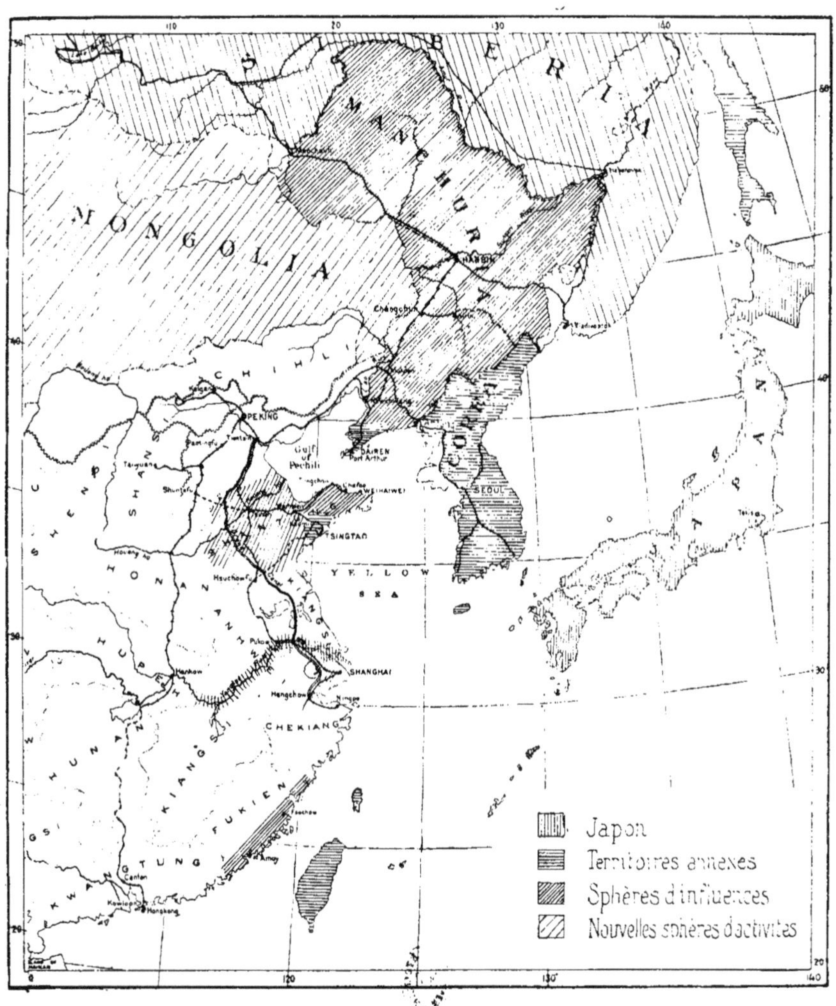

CARTE DE L'EXTRÊME-ORIENT

INDIQUANT L'EXPANSION IMPÉRIALISTE JAPONAISE

constructions n'a pas été conforme au bon esprit avec lequel les autorités décidèrent de les construire. Sans considération, sans pitié, ils ont eu recours aux lois pour l'expropriation de terrains. Les Coréens visés ont été contraints d'abandonner leur patrimoine presque pour rien. Bien souvent ils ont été forcés de travailler à la construction de ces routes sans être payés. Sans qu'on ait tenu compte des jours qui pouvaient être incommodes aux pauvres ouvriers non payés, ils doivent, et ceci est pire, travailler le jour convenant aux autorités. » L'esprit caractéristique dans lequel se font les constructions des routes et les travaux de cultures est le suivant : quels que soient les dommages ou les injustices, commis envers le peuple, les plans sont établis, les ordres donnés, les gens convoqués, on leur ordonnera de commencer le travail. A leurs plaintes on répond par des semonces; à leurs supplications, par des coups de fouet, et ceux qui résistent sont tout simplement mis en prison. Résultat : on construit les routes pour permettre aux troupes Japonaises un déploiement facile, et une marche plus commode dans le pays pour opprimer les constructeurs de ces routes. De nombreuses familles meurent de faim, même un visiteur de hasard ne peut s'empêcher de remarquer la triste situation des habitants de village en village.

La Politique d'assimilation.

Dans ces conditions, la politique d'assimilation tant vantée n'est certainement qu'une phrase creuse. Depuis l'administration de Terauchi, qui a proclamé la politique d'assimilation plus bruyamment qu'un autre, les Coréens sont bien plus opprimés que jamais et la politique d'assimilation est maintenant devenue une tâche impossible. Bref, pour citer encore une fois le Dr Yoshino, « les autorités Japonaises ordonnent aux Coréens de s'assimiler aux Japonais, corps et âme leur disant en même temps de ne pas espérer le traitement dont jouissent les Japonais.

Rien ne peut être plus contradictoire. En vérité ces chefs sont plus insensés qu'un homme qui monte sur un arbre pour prendre des poissons. Dans ces circonstances, il n'est rien d'étonnant à ce que les Coréens, plus ils sont éduqués, deviennent anti-Japonais; en conséquence il semble que les autorités commencent à avoir des doutes sérieux sur la sagesse d'éduquer davantage, ou même un peu les Coréens... On leur enseigne (aux élèves Coréens) à respecter la Maison Impériale du Japon comme si c'était la leur, à chanter le « *Kimigayo* » (l'hymne national du Japon), à être fiers du drapeau du Soleil Levant, à apprendre par cœur la géographie et l'histoire du Japon, etc. Avec tout cela, sont-ils traités comme le peuple du Japon? Non! ils ne sont ni socialement, ni légalement sur le même pied que les Japonais. Il y a entre les deux une différence tant au point de vue officiel que privé! Il est maintenant évident que le Japon a plutôt l'intention d'opprimer que d'assimiler le peuple Coréen. Cette oppression est non seulement contraire aux intérêts de l'oppresseur lui-même, mais elle empoisonne directement le caractère et le développement du peuple; c'est un fait souvent démontré par l'histoire. Même si le Japon veut une assimilation réelle, il est douteux que cette assimilation par pure force soit juste au point de vue humanitaire. La partie essentielle de la conception d'assimilation, c'est la volonté d'être pareil au peuple dont on admire les modes de vie. Possédant pour la nouvelle culture venant d'Europe et d'Amérique la même admiration que le Japon, le peuple de la Corée, a quelque répugnance contre l'esprit militaire et commercial du Japon : la Corée aurait évolué différemment si on l'avait laissée seule, sans entraver sa politique intérieure, comme le Japon l'a fait depuis la guerre avec la Chine. Tous ceux qui se sont familiarisés avec les problèmes politiques de l'Orient, qu'ils soient des Japonais ou des Chinois intéressés, des Américains ou des Anglais désintéressés, tous sont d'accord pour conclure que l'assimilation du peuple Coréen est impossible par la méthode existante de politique coloniale Japonaise et qu'il est inutile de compter sur un résultat devenu impossible. (Mr. Walter Weyl qui a fait une enquête personnelle sur le problème en Corée a écrit dernièrement dans le numéro de mars du « *Harper's Magazine* » pour montrer clairement que l'assimilation ou dénationalisation de la Corée par le Japon est impossible. Le Japon devra gouverner la Corée par la force seule et, gouverner par la force un peuple de 19 millions, dont l'aspiration à l'indépendance sous l'oppression Japonaise s'accroît de plus en plus, c'est une tâche désespérante.

Les Coréens ne reconnaissent pas comme légitime et valide leur annexion. La déclaration Japonaise que la Corée a été annexée d'après le désir exprès du peuple ne change rien du fait que l'annexion lui a été imposée par la force militaire, et que tous les ministres Coréens qui ont signé le traité n'ont pas été les représentants légitimes du peuple Coréen, ils n'ont été absolument les représentants de personne. C'est pourquoi l'annexion fut formellement illégale.

L'annexion a été imposée pour deux raisons, comme l'ont déclaré dans leur proclamation Sa Majesté l'Empereur du Japon et le premier Gouverneur Général du temps de l'annexion, c'est-à-dire : 1° *Dans l'intérêt de l'Empire Japonais*; 2° *dans l'intérêt du peuple Coréen*. D'après tout ce que nous venons d'exposer dans les paragraphes précédents nous ne pouvons reconnaître comme valide la seconde raison. Mais il nous faut reconnaître la première et admettre qu'il était nécessaire, pour le Japon, de contrôler la politique étrangère de la Corée, nation faible, entourée de forces agressives, comme l'ancien Empire Russe, une influence Russe illimitée en Corée eut été une menace sérieuse pour le Japon. Mais une Russie socialiste favoriserait-elle encore maintenant l'ancien rêve de Pierre le Grand? Est-ce qu'une Allemagne défaite, dont les rêves impériaux sont terminés, représente encore un danger pour la Corée? Est-ce que les Alliés voudraient, après avoir déclaré si souvent qu'ils ont lutté pour le droit de la libre détermination, est-ce qu'aucun d'eux voudrait annexer la Corée et menacer l'Empire Japonais? De pareils dangers pourraient exister, mais contre ces dangers il va y avoir le plus grand fruit de la guerre — la Ligue des Nations — qui va lutter contre les vieilles et mauvaises coutumes de ces nations aux fortes armes. Ainsi la première raison n'est pas plus valable que la seconde et l'annexion a perdu sa raison d'être. Même si ces raisons pour l'annexion étaient valables, il y en a une importante qui les détruit : c'est que le Japon gouverne la Corée contre la volonté du peuple Coréen. « Ce n'est pas un gouvernement ». La Corée doit décider elle-même de ses propres affaires.

Colonisation de la Corée.

En Corée le sentiment de la propriété foncière est très intense et est un des éléments du patriotisme Coréen. Cet instinct de la propriété chez le fermier et le paysan était un obstacle à la colonisation Japonaise, et les meilleures terres arables étant naturellement dans les mains des agriculteurs Coréens, l'expropriation de leurs propriétaires fut un des principaux buts de la politique Japonaise.

Pour ce faire, une Compagnie fut instituée sous la direction du Gouvernement Japonais, qui la subventionne d'une somme annuelle de 250.000 dollars prélevée sur le Trésor Impérial. Selon un article du *New-York Times* du 26 janvier 1919, le but de cette Compagnie est de coloniser la Corée avec les Japonais qui sont incapables de se créer une situation dans leur propre pays. Chacun de ces émigrants Japonais reçoit les frais de son transport en Corée, il lui est donné une habitation avec une portion de terrain à cultiver, des approvisionnements, des semences, etc. Cette Compagnie achète les terrains des fermiers Coréens. L'étendue de la Corée est de 82.000 milles carrés, avec 19 millions d'habitants, pour la plupart agriculteurs qui ne veulent pas se séparer de leur héritage.

« C'est là que l'appui du Gouvernement Japonais », continue l'article, « intervient d'une façon tout à fait asiatique : toute l'organisation financière est centralisée à Séoul, à la « Banque de Chosen », sous le contrôle gouvernemental. Cette puissante institution financière, comparable à la Banque d'Angleterre, à la Trésorerie des Etats-Unis, à la Banque de France, grâce à ses succursales, draine, comme intermédiaire, toutes les espèces du pays et fait baisser la valeur des terrains. D'autre part le Coréen, pour payer ses impôts et pourvoir aux besoins de son existence, doit réaliser ses terres; de ce fait la baisse s'accentue rapidement, et les agents de la Banque, à l'affût de ces ventes, achètent ces terrains au cinquième de leur valeur réelle. »

« Plus du cinquième des terrains les plus riches de Corée », ajoute l'article, « est dans les mains des immigrants Japonais, qui en ont été pourvus grâce aux opérations de cette Banque. »

Le Mouvement d'Indépendance du Peuple Coréen

La Corée, comme nation, cessa d'exister en 1910, et, depuis neuf ans, elle a été sous le joug de l'oppression militaire du Japon. Mais elle renaquit avec une nouvelle force et un nouvel esprit, quand la nation entière proclama l'Indépendance de la Corée, le 1er mars 1919, par la voix unanime de 20 millions d'habitants. La Déclaration d'Indépendance, dont le texte entier est donné plus loin, fut signée par trente-trois chefs représentant toutes les différentes organisations et associations répandues dans les treize provinces de la péninsule entière.

Cette démonstration, quand elle éclata en général, fut un véritable coup de surprise pour tout le monde civilisé, et particulièrement pour le gouvernement Japonais. Quoique le mouvement ait été résolu depuis bien des jours et des mois, les autorités Japonaises furent tenues dans une ignorance absolue, et par conséquent n'étaient pas préparées à tenir tête à cette soudaine éruption volcanique.

* * *

L'HISTOIRE DU MOUVEMENT

On ne peut pas dire que le mouvement actuel soit le résultat direct des efforts antérieurs dirigés contre la réforme politique par le Parti progressif depuis 1884. Néanmoins on peut faire remonter à cette origine, le réveil de la conscience de l'indépendance nationale en accord avec les idées modernes.

En 1884, les jeunes nobles et étudiants Coréens qui étaient rentrés de l'étranger se formèrent en ce qui fut alors connu sous le nom de *Parti progressif*. Ils avaient conçu le plan de renverser le Gouvernement conservateur, vieux et corrompu, et d'inaugurer des réformes politiques, éducationnelles et économiques et de mettre la Corée au rang des nations modernes. Ils sentirent qu'il était nécessaire d'assurer l'indépendance permanente de la Corée qui avait déjà été reconnue par les différentes puissances du monde, et de prémunir la nation contre toute future agression du dehors.

Quoique ce premier mouvement n'ait pas réussi, il sema néanmoins les germes du second et prépara le :

Coup d'État de 1894. — Quand le Parti progressif temporaire atteignit son but et entreprit son travail de réformes nécessaires.

Le Club de l'Indépendance. — En 1895, le Club de l'Indépendance Coréenne fut organisé et des organes variés furent créés. Le docteur Philip Jaisohn, une des principales figures du mouvement en 1884, fut l'organisateur de ce Club, ainsi que le fondateur du premier journal anglais appelé *The Independent*. (*L'Indépendant*.)

Ce nouveau Club de l'Indépendance grandit rapidement, et le travail des jeunes Coréens progressifs devint une menace pour la vie du vieux Gouvernement conservateur, aussi bien qu'un obstacle aux projets ambitieux d'agrandissement de la Russie tsariste, aux intrigues incessantes et aux rêves chers du Japon impérial. Ainsi, après des années de lutte opiniâtre et de bataille ouverte, le Gouvernement conservateur prit le dessus et réussit à fermer les portes de la Vieille Indépendance. Quelques-uns des Membres éminents du Club sont maintenant parmi les chefs du mouvement actuel, notamment le docteur Syngman Rhee qui fut élu le premier et chef exécutif de la République de Corée par l'Assemblée nationale Coréenne.

Révolte continue. — Depuis que le Japon contraignit la Corée au protectorat en 1905 et à l'annexion en 1910, le peuple Coréen a été en révolte continuelle. Les soldats débandés et les chefs patriotes se formèrent en ce qui fut connu sous le nom de « juste armée ». Ils soutinrent la lutte jusqu'à ce jour en dépit de la formidable armée Japonaise qui a tendu un véritable filet d'un bout à l'autre de la péninsule.

* * *

LE MOUVEMENT ACTUEL EN COREE

Les Coréens surveillèrent toujours les événements mondiaux, sachant l'influence qu'ils auraient sur l'avenir de la Corée. En dépit de tous les efforts faits par les Japonais pour bâtir une véritable « muraille de Chine » autour du pays, pour empêcher que la situation de la Corée soit connue du monde extérieur et qu'aucune nouvelle n'y pénétra du dehors, ils savaient néanmoins que la Grande Guerre européenne se livrait pour l'amour de la justice et de l'humanité. Ils entendirent le principe wilsonien de la « libre disposition » pour tous les peuples, aussi bien pour les faibles que pour les forts.

Les délégués a Paris — Ainsi, aussitôt que l'armistice fut déclaré, un mouvement spontané se produisit en Corée, en vue de faire savoir au monde la volonté formelle du peuple Coréen de se libérer de l'oppression étrangère.

Dès la fin de novembre, un effort fut fait pour envoyer des représentants à la Conférence de la Paix à Paris. Ce premier mouvement fut connu des autorités Japonaises en Corée et provoqua l'arrestation d'environ 200 Coréens en décembre dernier. Ce qui n'empêcha pas les initiateurs de poursuivre leur organisation en communiquant avec toutes les associations à l'étranger; des délégués furent choisis pour représenter le peuple et la nation de la Corée entière à la Conférence de la Paix. Et ce choix fut dûment ratifié par le Gouvernement provisoire de la République Coréenne.

L'Union Nationale d'Indépendance Coréenne. — En même temps fut formée l'*Union Nationale d'Indépendance Coréenne* qui comprenait toutes les classes et organisations et, en outre, 2.000.000 de *Chundokyoins* (une secte politico-religieuse du pays), 1.000.000 de Bouddhistes, 500.000 membres de l'Eglise chrétienne et 1.500.000 Confucianistes. Tous s'unirent dans le même but, sans distinction de classe, de croyance, de secte ou de religion. L'Indépendance de la Corée fut déclarée le 1er mars 1919 par les cinq millions d'habitants de Séoul et de toutes les principales cités de la Corée. Il y a maintenant plus de 300 centres révolutionnaires, et chaque petite ville et village, même des régions les plus reculées, se sont joints au mouvement.

Démonstrations pacifiques. — Le premier jour de la démonstration à Séoul il y eut plus de 100.000 participants qui paradèrent dans les rues de la ville et couvrirent les collines des alentours. Le cri unanime de la nation : « Taihan Toknip Man-Sei! » (Vive l'Indépendance de la Corée!) se répercuta non seulement d'un bout à l'autre de la Corée, mais trouva ainsi un écho en Mandchurie, en Sibérie et à l'Étranger.

Les représentants qui signèrent la Déclaration de l'Indépendance (voyez l'appendice) ne firent pas mystère de leur participation au mouvement et se laissèrent froidement arrêter. Comme ils passaient à travers les rues dans les automobiles de la police, la foule les acclama criant : « Taihan Toknip Man-Sei! ». Les prisonniers du fond des automobiles crièrent à leur tour « Taihan Toknip Man-Sei! » avec un sourire aux lèvres.

Les étudiants des collèges, des hautes écoles et des écoles primaires, y compris les institutions dites du Gouvernement dont le nombre est de 10.000 (à Séoul seulement) prirent à la manifestation la part la plus active. La parade avait généralement à sa tête les jeunes filles des hautes écoles du Gouvernement.

Des démonstrations similaires eurent lieu simultanément dans toutes les principales cités du nord de la Corée, telles que Pyung-Yang, Syen-Chun, et Shin-Eui-Chu, etc. Le second et le troisième jour, la démonstration devint de plus en plus importante jusqu'à ce que le mouvement se répandit au sud de la Corée et atteignit presque chaque ville et village à travers le pays tout entier. Même les agents de police et les gendarmes du service Japonais rejetèrent leurs sabres et leurs carabines, déchirèrent leurs uniformes et se rallièrent au cri de « Taihan Toknip Man-Sei! »

Une grève générale éclata dans toutes les manufactures et même dans le service de tramways appartenant aux Japonais. Les écoles et les boutiques furent fermées pendant plus d'un mois jusqu'à ce que les soldats Japonais forcèrent les enfants à aller en classe et les marchands à reprendre leurs affaires, sous peine de torture et de mort s'ils refusaient. (Voir Phot. III.)

Ainsi qu'il est mentionné dans la Déclaration de l'Indépendance, *aucune violence ne fut faite par les Coréens* et la manifestation d'un bout à l'autre de la péninsule eut un caractère absolument pacifique. (Voir Phot. II.)

***

LES ETUDIANTS COREENS AU JAPON

Aussitôt que l'armistice fut déclaré les étudiants Coréens à Tokio (Japon) au moins 800, commencèrent à considérer le sort de la Corée comme dépendant de la Conférence de la Paix à Paris.

Une proclamation de l'Indépendance de la Corée, pour se libérer du gouvernement Japonais, fut rédigée au nom de la « Ligue des jeunes hommes Coréens pour l'Indépendance nationale » et des copies en furent envoyées aux ambassadeurs étrangers et aux ministres de Tokio.

Après l'arrestation de ces étudiants le mouvement continua avec une nouvelle énergie;

et maintenant presque tous les étudiants Coréens au Japon — environ un millier — l'ont quitté pour faire cause commune avec leurs compatriotes en Corée et en Chine. De ce nombre étaient environ 800 Coréens d'universités et de collèges, tandis que les 200 autres suivaient les classes moyennes.

*
* *

EN CHINE ET EN SIBERIE

Les Coréens en Sibérie et en Mandchurie répondirent à l'appel de la mère Patrie, et les *leaders* se réunirent à Shanghaï en un conseil général des nationalistes Coréens, tandis que des démonstrations des colons Coréens se produisirent dans les diverses cités des provinces de Kirin et Fengtien

La pression japonaise sur la Chine. — Cependant les consuls Japonais firent pression sur les autorités Chinoises de ces deux Provinces mandchuriennes, et dans quelques cas, les autorités Chinoises réprimèrent les mouvements à la façon des Japonais en Corée. Dans une ville du Fengtien les soldats Chinois firent feu sur des Coréens sans armes et huit Coréens furent tués et il y eut quantité de blessés. Comme suite à cela le journal de Pékin écrivit en avril : « A la requête de la Légation Japonaise à Pékin, le Gouvernement Chinois a donné l'ordre aux autorités de Luin, et, particulièrement à celles de Chien-tao, d'aider le Consul Général Japonais à supprimer toutes les activités des Coréens dans cette région ».

*
* *

ACTIVITES EN AMERIQUE

Bientôt après la signature de l'armistice, les Coréens d'Amérique soumirent une pétition au Gouvernement des Etats-Unis pour que ce dernier prît en considération, et en assistance le Cas de la Corée à la Conférence de la Paix. Cette Pétition s'appuyait sur l'Article 1er, paragraphe 2, du premier traité entre les Etats-Unis et la Corée de 1882 ainsi conçu : « Si d'autres puissances agissent injustement ou oppressivement avec l'un des deux gouvernements, l'autre exercera ses bons offices, aussitôt informé du cas, pour amener un arrangement, montrant ainsi ses sentiments amicaux. »

Dans l'intervalle, l'Association Coréenne Nationale d'Amérique élut trois délégués, Drs. Syngman Rhee et Henry Chung et le Révérend C. H. Min pour joindre les délégués de l'Extrême-Orient à Paris pour soutenir l'appel devant la Conférence de la Paix. Cependant ces trois personnes ne parvinrent pas en France à cause des difficultés de passeport.

Sans être découragé par tant d'obstacles ou par ce semblant d'insuccès, il fut décidé de faire tout ce qui serait possible pour soumettre le cas de la Corée au sens de justice du monde. Des lettres et des Pétitions furent envoyées directement à la Conférence de la Paix et au président Wilson.

Le congrès coréen. — Un congrès fut réuni à Philadelphie du 14 au 16 avril inclus, plus de 150 représentants (de 8.500 Coréens aux Etats-Unis, à Hawaï et Mexico et d'un million et demi en Sibérie et en Mandchurie) furent assistés par des centaines d'Américains et d'autres amis étrangers.

La Ligue des Amis de la Corée. — En même temps une Ligue des Amis de la Corée fut formée dans le but de tenir le public Américain au courant des véritables conditions de l'Extrême-Orient, de développer les sympathies pour le peuple opprimé de Corée et l'encourager dans sa lutte pour la liberté; d'employer son influence morale pour préserver les Coréens du traitement cruel auquel ils ont été et sont encore soumis; d'assurer la liberté religieuse aux Coréens Chrétiens.

Le Congrès de Philadelphie en vue de l'Indépendance Coréenne adopta aussi les « Buts et Aspirations des Coréens » (Voyez appendice 2).

*
* *

UN MOUVEMENT UNIVERSEL

Ainsi une vue générale sur le mouvement montre que c'est un des plus étendus et des plus profondément enracinés, universel en un mot, non seulement en Corée, mais parmi tous les Coréens résidant à l'étranger, en Amérique, en Chine et en Sibérie; qu'il intéresse chaque classe et chaque secte; les vieux comme les jeunes, les hommes comme les femmes. Les petits garçons et petites filles des écoles du gouvernement, que les Japonais essayèrent de « japoniser » pendant les neuf dernières années, furent en général les participants les plus actifs aux manifestations, et en conséquence soumis aux traitements les plus inhumains de la part des Japonais

*
* *

LA NAISSANCE DE LA REPUBLIQUE COREENNE

Pendant ce temps, les représentants des treize provinces se réunirent à Séoul et formèrent la première Assemblée Nationale de la République et de la Corée Indépendante.

Gouvernement provisoire. — Un Gouvernement Provisoire fut formé, une constitution d'essai adoptée, et les fonctionnaires du nouveau gouvernement furent élus. Le docteur Syngman Rhee fut choisi pour chef du pouvoir exécutif. Lui et les autres membres du Gouvernement provisoire sont des hommes d'éducation et de préparation modernes Occidentales. Cinq des sept membres du présent Cabinet appartiennent à l'aristocratie chrétienne, sans parler de la prédominance marquée des leaders Chrétiens dans l'ensemble du mouvement, soit en Corée, soit à l'étranger.

La Constitution. — La Constitution fut établie sur la base des dix principes suivants :

1° La République Coréenne suivra les principes démocratiques.

2° Tous les pouvoirs d'Etat s'appuieront sur l'Assemblée provisoire de la République.

3° Tous les citoyens de la République Coréenne seront égaux, sans distinction de sexe, de rang ou de condition.

4° Les citoyens de la République Coréenne auront la liberté religieuse, la liberté de parole, de presse et de réunion et le plein droit de résidence et de déplacement.

5° Les citoyens de la République Coréenne jouiront du droit de voter pour et d'être élus à toute fonction publique.

6° Les citoyens de la République Coréenne considèreront comme étant de leur devoir d'entreprendre l'éducation universelle, de payer les taxes, et de s'offrir pour le service militaire.

7° La République Coréenne, ayant été fondée par la Volonté de Dieu, s'offrira elle-même comme tribut à la paix et à la civilisation du monde et s'adressera à la Ligue des Nations pour en faire partie.

8° La République Coréenne traitera avec bienveillance la précédente famille impériale.

9° Les peines capitales et corporelles et la prostitution publique seront abolies.

10° Dans le courant de l'année qui suivra la libération de la Corée, le Congrès national sera convoqué.

Ont signé :

Le Président de l'Assemblée nationale provisoire.

Le Chef du pouvoir exécutif du Gouvernement provisoire.

Les Secrétaires des Affaires étrangères,
» » de l'Intérieur,
» » de la Justice,
» » des Finances,
» » de la Guerre,
» » des Communications,

la première année et le quatrième mois de la République Tai-Han.

Politique définie. — La méthode d'administration suivante fut également adoptée :

1° L'égalité de tous les peuples et nations sera respectée.

2° La vie et la propriété des étrangers seront respectées.

3° Pleine et entière amnistie sera garantie à tous les délinquants politiques.

4° Les droits et devoirs envers les puissances étrangères seront observés en accord avec tous les traités qui seront conclus par le Gouvernement de la République.

5° Sous serment solennel, il est convenu de favoriser et de maintenir l'Indépendance absolue de la Corée.

6° Ceux qui passent outre les ordonnances du Gouvernement provisoire seront regardés comme ennemis de l'Etat.

Quartiers généraux et commissions — Pour faciliter le travail du Gouvernement Provisoire dans les difficiles circonstances présentes, les quartiers généraux et commissions suivants ont été institués :

Quartiers généraux américains de la République Coréenne à Washington, D. C., U. S. A.

Affaires étrangères, Communications et Commissions financières à Shanghaï, Chine.

Commissions agissantes en Mandchurie et Sibérie.

*
* *

PAIX REELLE

Pour finir il est intéressant de noter cette remarque que fait un écrivain Américain dans son article dans un journal d'Albanie :

« La question d'Irlande ne concerne que le gouvernement de Grande-Bretagne seul, et la question de Corée, que le seul Japon; il se peut que la Conférence de la Paix en décide ainsi; mais la Conférence doit assurer la paix future du monde, et cette paix ne peut être réalisée tant qu'il y aura des peuples opprimés par des gouvernements puissants. »

Les Atrocités Japonaises en Corée

Le mouvement actuel en Corée pour l'indépendance fut, dès son début, simplement une démonstration pacifique et une résistance passive unanime. Les leaders aussi bien que les partisans furent liés par le serment solennel de ne commettre aucune violence quoiqu'il arrivât et de ne pas offrir de résistance en cas d'arrestation. Cette décision fut observée fidèlement même dans les circonstances les plus effrayantes, à l'exception de quelques cas où les Coréens furent si brutalement traités, et massacrés sans pitié qu'ils furent incités à rendre violence pour violence. Mais le Japon, quoique la plupart de ses principaux hommes d'Etat (depuis le Premier jusqu'aux simples fonctionnaires qui gouvernent la Corée et aussi quelques uns de ses parlementaires et intellectuels, avec sa presse libérale) admettent que la Corée a été injustement gouvernée, a répondu aux démonstrations pacifiques par un militarisme implacable et des brutalités barbares qui ne trouvent nulle part aucun équivalent. Afin de réprimer par la force les Coréens sans armes, il avait envoyé deux divisions, et six bataillons en plus et 400 gendarmes en Corée pour renforcer la garnison existante déjà formidable, qui comptait quatre divisions en dehors de forces importantes de gendarmerie, de police et de détectives.

Résistance pacifique. — Une dépêche reçue par la Délégation Coréenne à Paris, le 10 avril courant, dit : « Depuis le 1er mars, des démonstrations actives du mouvement pour l'Indépendance ont été très bien conduites par toute la Corée. Les Représentants préfèrent une révolution passive, avec des démonstrations pacifiques, des cours publics et des distributions de manifestes. Les jeunes filles sont les plus agissantes. Des grèves ont éclaté chez les ennemis (Japonais) dans les manufactures, les magasins, etc. Nos églises, nos écoles et nos boutiques sont fermées partout. 32.000 hommes et femmes sont en prison. Environ 100.000 ont été tués et blessés entre autres des vieillards, des jeunes filles et des enfants. Le trafic intérieur et les communication sont coupés. De terribles outrages sont commis par les Japonais. Des missionnaires envoient ces vérités au monde. »

Poitique de répression par brutalités et massacres. — Une autre dépêche, reçue le 11 avril courant énumère les atrocités Japonaises : « Le Japon a commencé de massacrer en Corée. Le 28 mars : plus de 1.000 personnes sans armes furent tuées pendant une démonstration de trois heures faite à Séoul. Les gens sont battus, fusillés, passés au fil de la baïonnette et pendus (avec des crochets de fer) sans merci; et cela progresse d'un bout à l'autre de la Corée. Les églises, les écoles et les demeures des leaders ont été détruites. *Les femmes sont dépouillées, mises à nu, traînées dans les rues et battues devant la foule*, spécialement les membres des familles des leaders. Les emprisonnés sont torturés. On interdit aux médecins de soigner les blessés. Nous demandons l'aide urgente de la Croix-Rouge étrangère. Nous avons décidé de lutter pour la liberté jusqu'à ce que le dernier Coréen tombe. Nous sollicitons aide au nom de Dieu. »

Témoin oculaire. — Le *Literary Digest*, du 1er mai courant, dans un article intitulé « Davantage de lumière sur la Corée », contient beaucoup de faits sans valeur. Entre autres choses, il dit :

« ...Le Japon, cependant, d'après la lettre d'un résident Anglais à Séoul, imprimée dans le « *Japan Advertiser* », un organe anglais publié à Tokio, est affronté par la demande d'une nation unie qui, riches et pauvres comme instruits et ignorants, ne demande rien autre que son indépendance nationale. Dans aucun autre coin de la terre, la liberté n'est refusée et aucun peuple n'est opprimé comme celui de la Corée aujourd'hui. Les Coréens disent qu'il vaut mieux mourir pour la cause de la Liberté que de vivre dans la servitude.

« Le résident Anglais fait ce portrait du Coréen et conteste l'autorité militaire Japonaise, que même la population civile du Japon réprouve :

« En vertu de la loi militaire sous laquelle gémit la Corée entière, le Coréen doit être aveugle, sourd, muet, sans défense.

« Aveugle, il lui est défendu de lire des journaux du Japon non censurés; sourd, il ne doit pas écouter les histoires de la récente résurrection de la Pologne; muet, il ne doit pas exprimer ses propres aspirations; sans défense, la nation demeure impuissante devant la garnison des soldats qui la possèdent. Aucun Coréen ne peut quitter son territoire, même pour aller au Japon; sa correspondance est censurée dans les courriers, sa personne est fouillée sur les trains et dans les rues. J'ai vu moi-même un passant quelconque maintenu et fouillé par des gendarmes dans les rues principales de Séoul.

« Quoi d'étonnant à ce que le peuple Coréen organise résolument la résistance, c'est sa politique..... Il n'y eut ni agressions, ni jet de pierres (sauf quand quelques tramways furent endommagés), ni tentatives incendiaires... Mais ici même, dans la capitale, sous les yeux des observateurs étrangers les soldats du 78° régiment essayèrent de réprimer les démonstrations par la force et les armes.

« Samedi dernier, par exemple, nous vîmes une procession, de peut-être 300 personnes, dans la partie ouest de Séoul, chargée à la course par une compagnie de soldats, baïonnette au canon, et les fuyards furent ainsi poursuivis à travers les jardins privés des résidents de Grande-Bretagne et d'Amérique et poignardés... Je vis un homme étendu, sans connaissance, la tête broyée à coups de crosse et ses habits éclaboussés de sang. A la nuit les gendarmes vont à travers les rues déchargeant leurs révolvers pour effrayer les habitants, tandis que des visites domicilières sont opérées par centaines.

« S'il en est ainsi dans la capitale, c'est bien pire dans les districts de la campagne, et quelques étrangers ont été témoins de scènes déchirantes. D'autres provocations à Séoul et ailleurs sont le fait des civils Japonais qui s'arment de massues et de crochets de fer et se précipitent sur les manifestants.

« Trois points principaux peuvent être facilement établis dans la situation présente :

« 1° Que l'on ait recours à quelque remède autre que la répression par la force brutale, car les méthodes allemandes ne sont plus de saison;

« 2° Que les faux rapports insinuant que les Coréens étaient un peuple dégradé et décadant, cessent. En donnant aux Coréens des facilités égales, ils sont capables de produire un personnel administratif équivalent à celui des Japonais;

« 3° Qu'il faille combattre la conviction trop répandue que l'influence Américaine est à la base de cette agitation Coréenne, car elle n'est pas fondée... Déjà trois sujets britanniques ont été emprisonnés à tort, et un d'entre eux fut sévèrement rossé par une populace Japonaise de civils et de gendarmes... »

Témoignages de missionnaires. — Le même article cite une autre lettre d'un missionnaire de Corée, le révérend Paul-B. Jenkins, lettre apportée en Chine par un courrier spécial pour la soustraire à la censure Japonaise et envoyée par la poste Américaine au « Literary Digest ». Après le récit des manifestations, le Dr Jenkins ajoute :

« ...Les Chrétiens étant ici en majorité, dimanche fut particulièrement tranquille, quoique aucun service ne fut autorisé. Une foule de fidèles s'était réunie, chantant et acclamant. La police et les soldats vinrent à la charge, mais elle ne se dispersait que pour se réunir ailleurs. Elle poussait des cris sauvages quand un des siens tombait aux mains de la police. Mais elle ne faisait d'autre résistance que de prier à genoux, et les pauvres policiers ne savaient que faire. »

« ... Des Coréens n'ont aucune sorte d'armes, mais les soldats font feu sur eux, jettent à terre les passants et prennent les jeunes filles par les cheveux, les vieillards des deux sexes sont battus jusqu'à ce qu'ils ne puissent plus marcher.

« ... Deux des dames du « Methodist Episcopal » (Américain) furent frappées dans le dos avec la crosse d'un fusil. Une de nos dames (Américaine) fut envoyée rouler sur la chaussée.

« Un Japonais, non chrétien, qui fut témoin de ces atrocités déclara qu'il protesterait devant les autorités, et un chrétien Japonais dit : « J'en suis si malade que je peux à peine me soutenir. » Et un autre : Ils traitent les Chrétiens Coréens comme les Turcs, les Arméniens!... De petits villages éloignés viennent des histoires épouvantables. Plusieurs églises de campagne ne sont plus que ruines, les fenêtres, les lampes, les cloches et les accessoires de communion brisés, les bibles et les livres d'hymnes brûlés. Tous les chrétiens qu'on découvre sont torturés comme seuls les Huns et les Japonais peuvent le faire. Dehors dans quelques endroits de la campagne il semble que tous les efforts tendent à supprimer la Chrétienté du Nord.

Courage indompté des Coréens. — Il arrive récemment de l'Extrême-Orient des histoires terrifiantes. A Wei-Ju, Corée du nord, une compagnie de soldats Japonais se tint prête baïonnette au canon pour charger la foule des manifestants. Les Coréens enlevèrent imédiatement leurs vêtements, ouvrirent leurs chemises et offrirent leurs poitrines aux poignards. Le courage manqua

PHOTOGRAPHIE IV

LE BARRAGE JAPONAIS A L'ENTRÉE DU PARC DE LA PAGODE A SÉOUL
POUR EMPÊCHER LA MANIFESTATION PACIFIQUE

LES ATROCITÉS JAPONAISES

PHOTOGRAPHIE V

LE CORPS D'UN MANIFESTANT CORÉEN PASSÉ AU FIL DE LA BAÏONNETTE
PAR LES JAPONAIS

LES ATROCITÉS JAPONAISES

PHOTOGRAPHIE VI

UNE MAISON CORÉENNE BRULÉE PAR LES JAPONAIS

PHOTOGRAPHIE VII

LES HABITANTS DU VILLAGE CHAIAM-MI BRULÉ PAR LES JAPONAIS

PHOTOGRAPHIE VIII

UN TÉMOIN AMÉRICAIN EXAMINE LES RUINES DU VILLAGE BRULÉ

PHOTOGRAPHIE IX

UN CORRESPONDANT DE L' "ASSOCIATED PRESS"
CAUSE AVEC UN POLICIER JAPONAIS DANS UN VILLAGE DETRUIT

PHOTOGRAPHIE X

LE CORPS D'UN ENFANT BRULÉ VIF
ET LES ORPHELINS CORÉENS

aux soldats et leur capitaine s'excusa disant qu'ils accomplissaient ces brutalités par ordre supérieur.

Outrages récents. — Un des exemples les plus frappants des cruautés les plus barbares est apporté par un télégramme daté de Shanghaï, 37 mai (retardé dans la transmission) et reçu par la Délégation Coréenne le 23 juin courant : « La terreur règne à l'intérieur. Les actes barbares deviennent de plus en plus atroces et inexprimables. Le 15 avril à Chaiammi, village du District de Suwon (35 kilomètres de Séoul), trente-neuf maisons furent cernées par les soldats Japonais en armes et incendiées. (Voir phot. VII.) Tous ceux qui essayèrent d'échapper au feu furent fusillés ou passés à la baïonnette. Les bâtiments sont détruits de fond en comble, une église fut brûlée avec cinquante Chrétiens. Quarante-deux maisons à Suchon et vingt-cinq à Whasuri, district de Suwan, furent détruites de la même manière. Il n'en reste que des briques et des cendres. Des étrangers témoins de ces scènes ont pris des photographies. Le 28 avril, au village Kinhuri, Kwaksan, Corée du nord, quarante maisons furent envahies par les soldats Japonais à minuit. Tous les habitants, hommes et femmes, furent réunis dans la rue, mis à nu et passés au fil de la baïonnette jusqu'à ce que la mort s'en suivit. Cinq jeunes filles subirent les derniers outrages. »

Une autre dépêche reçue le 30 juin courant dit : les Japonais continuent à employer les méthodes barbares. Des hommes sont torturés jusqu'à la mort, et les jeunes filles prisonnières sont atrocement violées. Dans la plupart des cas leurs poitrines sont marquées au fer.

L'investigation d'un touriste. — Dans le « Philadelphia public Ledger » du 7 juin dernier, M. Henry Wiederhold, un banquier éminent et clubman d'Atlantic City, U. S. A., qui maintenant excursionne en Extrême-Orient et a fait une enquête personnelle sur quelques-unes des atrocités ci-dessus rapportées écrit :

« Il y a trois jours des gendarmes Japonais entourèrent l'hôpital (Severance memorial Hospital, de la Mission Presbytérienne) et y entrèrent, vérifiant les noms des infirmières et les soumettant à toutes sortes d'indignes pratiques. Quand ils ordonnèrent à Miss Esteb, un exemple des plus accomplis du sacrifice de soi-même qu'offre la femme Américaine, l'ordre d'ouvrir son bureau, elle se retrancha derrière sa qualité de citoyenne Américaine. Ces chiens dégénérés se précipitèrent alors dans la pièce où se trouvaient les pauvres Coréens mortellement blessés et les arrêtèrent, leur ordonnant de se tenir prêts à être emmenés en prison .. Quoique les médecins dirent que c'était pour eux la mort certaine, trois des malades furent emportés sur une charrette. »

Investigations par les Consuls Américain et Britannique. — « Le Consul Américain à Séoul, M. Raymond-S. Curtis, avait au commencement de la semaine examiné des rapports sur des villages du Nord, brûlés par les Japonais, et sur les innombrables personnes tuées; il avait constaté que les rapports n'étaient que trop vrais. Il certifia que les gendarmes arrivés le matin, dirent aux habitants de venir à la petite église... Il y avait onze Chrétiens et vingt-sept autres. Dès qu'ils furent tous à l'intérieur, les gendarmes fermèrent les portes et commencèrent à faire feu sur eux à travers les fenêtres et ils mirent ensuite le feu au bâtiment. M. Curtis trouva les corps à demi-carbonisés près de l'entrée. Il dit plus tard au docteur (du Severance Hôpital), qu'en allant à cinq autres villages il trouva que, partout où des Chrétiens avaient vécu, la torche était passée, et que quand les malheureux essayaient de fuir, ils étaient passés à la baïonnette ou fusillés. M. Curtis a fait un rapport complet à Washington et attend des instructions.

« Je trouvai l'Y. M. C. A. Coréen, le bâtiment donné par John Wanamaker, mais je m'aperçus que les portes en étaient fermées et j'appris que les Coréens craignaient de les garder ouvertes à cause des Japonais. Dans la soirée je rencontrai notre Consul, M. Curtis. Il se sentait si mal après tout ce qu'il avait vu qu'il était trop énervé pour en parler avec détails, des photographies ont été prises des villages en ruines. (Voir Phot. VI et IX.)

« Pendant que notre train s'arrêtait à Syen Chun, nous remarquâmes un groupe d'au moins 25 ou 30 Coréens étroitement gardés, qu'on emmenait à quelque prison, et un missionnaire qui prit notre train me dit que c'étaient encore là des victimes des persécutions Japonaises. Avec des larmes dans les yeux, il ajouta que deux d'entre eux avaient reçu des grades dans les collèges d'Amérique. »

Le « Philadelphia Inquirer » du 8 juin publia cette dépêche spéciale du Correspondant de l' « Associated Press » à Tokio du 7 juin :

« Trente-cinq Coréens furent fusillés ou tués à coups d'épées ou de baïonnettes par les soldats Japonais dans une église chrétienne à Cheam-Mi, à quanrante miles de Séoul en connexion avec le mouvement d'Indépendance Coréen.

« Ceci a été confirmé par une enquête que les agents des Consulats Britannique et Américain et les leaders missionnaires ont faite en Corée. Ces faits sont reconnus par les autorités Japonaises à Séoul, y compris le gouverneur général Hasegawa...

« Des détails sur le massacre de Cheam-Mi. furent recueillis par le correspondant de l' « Associated Press » qui visita les lieux en compagnie de Raymond-S. Curtis, le Vice-Consul Américain à Séoul, et de M. Underwood, un missionnaire Américain. Par la suite le correspondant renouvela sa visite avec M. Royce, le consul Britannique...

« Décrivant sa visite à Cheam-Mi, le correspondant de Séoul écrit que, lorsqu'ils demandèrent aux habitants des villages environnants pourquoi tel hameau avait été brûlé, on leur répondit que c'était parce qu'il y avait une église chrétienne et des indigènes chrétiens. Lorsque nous atteignîmes l'endroit qui fut un village d'environ quarante maisons, nous en trouvâmes quatre ou cinq debout, tout le reste était ruines fumantes. » (Voir phot. VIII.) Il continua : « Nous trouvâmes un corps horriblement brûlé et tordu dans les environs, et un autre, soit d'un jeune homme, soit d'une femme, juste en dehors des dépendances de l'église. Plusieurs groupes de gens avaient été jetés pêle-mêle sous un petit abri de paille sur le versant de la colline avec les objets qui leur appartenaient pitoyablement assemblés autour d'eux. C'étaient pour la plupart des vieilles femmes avec leurs objets familiers ou des jeunes mères avec leurs bébés... La veille de notre arrivée des soldats vinrent au village et donnèrent l'ordre à tous les hommes chrétiens de se réunir à l'église. Quand ils furent au nombre de trente environ, les soldats ouvrirent le feu sur eux et ensuite, entrant dans l'église, les achevèrent à coups d'épées et de baïonnettes. Après quoi ils mirent le feu à l'église et aux maisons... »

« Le groupe des voyageurs ayant à sa tête le consul Britannique visita ensuite Soochun et trouva le village brûlé. Les Coréens dirent aux visiteurs qu'ils avaient été éveillés dans la nuit par le feu mis à leurs maisons, quand ils s'enfuirent ils furent poursuivis, l'épée et la baïonnette aux reins ou fusillés. Cinq autres villages des environs furent l'objet de mêmes massacres.

Les crimes japonais dans le nord de la Corée. — Le révérend Stacy L. Roberts, un missionnaire presbytérien Américain vivant à Pyen-Yang a, dans un rapport, certifié que plus de cent Coréens avaient été fusillés ou battus à mort à Tyung-Ju et qu'une église y fut incendiée par les Japonais. Dans un autre village, 8.000 miles plus loin, une autre église chrétienne et une académie pour garçons furent brûlées.

Les lignes suivantes sont extraites d'un rapport signé par un missionnaire Américain vivant en Corée :

« La visite des femmes... est des plus humiliante et déshonorante... Les Japonais... mettent les femmes Coréennes à la question, ceci, remarquez-le bien, avant qu'elles ne soient condamnées. Elles sont mises absolument nues, non dans la pièce où l'on doit les questionner, mais dans celle où elles sont détenues, et cela par des gendarmes. De là elles doivent passer à travers une cour ouverte où elles peuvent être vues par n'importe qui. Elles sont traduites devant des hommes naturellement, pour être soumises à l'examen le plus dégradant qui soit au monde. Les jeunes filles célibataires aussi bien que les femmes de la Bible (femmes qui prêchent dans les familles et vendent des Bibles) ayant vécu dans des milieux raffinés, avec tous les égards dus à leur sexe ont été ainsi outrageusement traitées. On les appelait mauvaises femmes dans les termes les plus révoltants, simplement pour avoir crié dans la rue : Hourrah pour la Corée!

« A quelques femmes qui essayèrent de se couvrir de leurs mains on les leur attacha dans le dos. Une quêteuse eut le bras arraché de la sorte. Quelques jeunes filles après l'odieux examen reçurent l'ordre de se mettre à quattre pattes et de faire ainsi le tour de la pièce, en se figurant qu'elles marchaient sur des miroirs et en se disant qu'elles avaient l'air très jolies!

« Mais ceci n'est pas tout, quelques-unes furent frappées à coups de pieds dans l'estomac et traitées férocement par ces êtres diaboliques; elles furent traitées comme on eût fait de vaches, puis empalées.

«Dans quelques secteurs de la campagne les femmes ne sont pas en sûreté dans leurs maisons pendant le jour. Elles passent leur temps sur les collines et rentrent chez elles seulement vers la nuit. »

Témoignages individuels. — Un autre étranger donne cet échantillon suivant de ce qu'il a vu personnellement des brutalités Japonaises :

1° Les petits garçons cruellement frappés et battus par les soldats;

2° Les soldats s'arrêtent et délibérément font feu sur une foule où il n'y a que des jeunes filles et des femmes qui crient simplement « Vive la Corée »;

3° Un petit garçon de 10 ans fusillé dans le dos;

4° Un vieil homme de 65 ans broyé, frappé à coups de pied, battu par plusieurs soldats Japonais ;

5° Une vingtaine environ d'écolières qui marchaient tranquillement sur la voie publique, sans même crier, furent chassées par des soldats, frappées à coups de crosses, renversées et traitées si honteusement que cela vous met le sang en ébullition;

6° Des pompiers Japonais pourchassant des garçons et des filles avec des crochets de fer, essayant de les attraper et de les bousculer;

7° Un Coréen conduit à l'hôpital, et frappé de paralysie avec la tête écrasée par un de ces crochets;

8° Un homme mourant fusillé dans le dos;

9° Cent hommes avec des habits déchirés et sanglants liés ensemble avec des cordes, traînés à la prison;

10° Deux Coréens si mal accommodés qu'ils ne pouvaient marcher, liés ensemble sur un chariot sans ressort et conduits à la prison;

11° Des spectateurs, n'étant pour rien dans la démonstration, attaqués et frappés par des soldats;

12° Un missionnaire Américain arrêté pendant qu'il était dans sa propre cour à regarder, mais sans plus;

13° Des femmes renversées par des fusils et poussées à coups de pied dans un fossé.

Nouvelles apportées par un courrier venant d'Extrême-Orient. — Un autre voyageur venu de l'Extrême-Orient en apporte des récits supplémentaires d'horreurs trop épouvantables et trop nombreuses pour pouvoir les mentionner. Il confirme le rapport selon lequel une jeune fille avait eu les mains coupées : Elle criait : Vive la Corée! avec un manifeste dans la main droite, quand un soldat trancha cette main d'un coup d'épée. La jeune fille ayant ramassé le manifeste de la main gauche et ayant continué de crier, le soldat frappa encore et trancha cette main gauche comme il avait fait de la droite.

A Chul-San, Corée du Nord, les deux mains d'un garçon de 11 ans furent coupées de la même manière, mais le garçon s'obstinant à crier : Vive la Corée! plus fort que jamais, en sautillant, il fut frappé et mourut instantanément.

A Taiku, Corée du Sud, un jeune garçon fut passé au fil de la baïonnette et exhibé à travers la ville aux regards du peuple.

Tortures. — Les prisonniers sont torturés de la même façon et encore plus sévèrement que pendant le « Cas de Conspiration » de 1911-1913.

Les hommes sont frappés sur la tête de telle façon qu'ils sortent de prison à l'état d'épave mentale. On emploie des machines électriques pour comprimer le corps du prisonnier jusqu'à ce qu'il soit incapable de respirer, et que, finalement, il succombe. Quelques accusés sont revêtus de vestes de cuir, sur lesquelles on verse de l'eau si bien que le cuir en séchant se rétrécit et occasionne une souffrance inimaginable à ceux qui les portent. Des personnes sont suspendues par les pouces pendant des heures. Dans la plupart des cas on les force à se tenir demi-debout, demi-assises, pendant huit à dix heures consécutives.

Les hommes aussi bien que les femmes sont mis complètement à nu et roulés sur des planches garnies de clous, les pointes en l'air.

Un Chrétien Japonais remarque que beaucoup des gens arrêtés sont relâchés parce qu'ils sont déclarés « innocents » mais que ces « innocents » sont obligés de rester à l'hôpital pendant des mois pour retrouver en partie leur santé.

Exposé japonais. — Dans un article du *Times* de Londres du 14 juillet 1919, sous le titre de « Mécontentement Japonais », le correspondant cite un rapport du vicomte Kato (le leader du parti constitutionnel au Japon).

« En Corée il fut absolument nécessaire de mettre en jugement et de punir avec rigueur les officiers qui commirent les prétendus outrages et les fonctionnaires qui les tolérèrent. Ces outrages furent généralement exposés dans la presse étrangère. Ceci pour montrer au monde que les mains du gouvernement étaient nettes.

* * *

CONCLUSION

Telle est la conduite d'une puissance qui accuse la Conférence de la Paix de son extrême injustice et dénonce ouvertement les principes démocratiques du monde comme étant une dérision et une hypocrisie parce qu'on déniait son droit à l'égalité des races. Telle est la méthode de l'arrogant Japon impérialiste pour essayer d'imposer sa volonté aux pacifiques Coréens. Combien de temps le monde civilisé tolérera-t-il cet état de choses?

La Politique Continentale de l'Empire Japonais

L'Origine de l'Impérialisme Japonais.

Au Japon, c'est une croyance universelle que la plus haute tâche d'une nation est de chercher à s'étendre par tous les moyens. Peu importe que cet agrandissement se fasse aux dépens des autres ou contre l'idéal moral dès lors qu'il peut s'accomplir. Cette extension elle-même est le plus grand des biens et toute valeur humaine peut y être sacrifiée. L'origine du dogme impérialiste remonte à l'aurore de la vie intellectuelle Japonaise. Déjà, en 200 après Jésus-Christ, l'Empereur Jingo avait essayé d'envahir le Royaume de la Péninsule Coréenne. Cette idée de conquête fut délibérément poursuivie jusqu'à la fin du XIVe siècle, quand Hideyoshi fit une autre tentative pour conquérir la Corée. Ce furent seulement des désordres intérieurs qui en détournèrent l'attention du peuple Japonais pendant les années suivantes. Mais elle se raviva de nouveau au commencement du XIXe siècle, quand Yoshida Shoin, le maître le plus respecté des hommes d'Etat, connus sous la dénomination de Genro (les anciens personnages politiques), qui comprenait des noms tels que : Inouye, Ito, Shinagawa, etc., prêcha l'esprit Japonais moderne avec l'Impérialisme le moins scrupuleux. Il conseilla « l'ouverture du Hokkaidô, la prise du Kamtschaka et les îles Kurile; l'absorption des îles Loo-choo, l'occupation partielle de la Mandchurie, Formose, et la mise au point des relations du Japon et de la Corée, avec l'intention de revendiquer la suzeraineté du Japon sur ce royaume et de montrer graduellement une tendance agressive ».

La Conception Japonaise de l'Etat.

Le Genro vit que cette politique d'extension n'était possible et effective que si le gouvernement était complètement centralisé dans la personne du Mikado. « L'Empereur du Japon », pour emprunter les expressions d'un Japonais M. G.-E. Uyehara, « est le Centre de l'Etat aussi bien que l'Etat lui-même. Il est, au regard des Japonais, un Etre Suprême dans le Cosmos du Japon, comme Dieu est dans l'Univers, pour les philosophes panthéistes. Tout émane de Lui, en Lui tout subsiste, rien n'existe sur le sol du Japon qui ne dépende de Lui. Il est le seul maître de l'Empire, l'auteur de la loi, l'arbitre de la justice, des privilèges et de l'honneur et le symbole de l'unité de la nation Japonaise ». Cette idée est expressément incorporée dans la Constitution Japonaise dont le troisième article est comme suit : « L'Empereur du Japon est divin et inviolable. »

« Comme cet article, important pour des buts politiques, dans l'esprit officiel Japonais », dit M. W.-W. Mc Laren, « n'existe que sur le papier, l'autocrate constitutionnel, l'Empereur est, en réalité, complètement éclipsé par ses actifs agents exécutifs, le Genro et le Cabinet. La politique de l'Empire est incarnée dans ces deux groupes, qui, pour la consolider en appellent à la loyauté de l'Empereur et au chauvinisme du peuple. Cette politique a été pratiquée si assidument depuis le milieu du dernier siècle que aucune race ne peut être comparée aux Japonais à ce point de vue, excepté les Prussiens. »

La Politique formulée.

Avec la centralisation complète des pouvoirs, le Genro et ses successeurs ont commencé l'exécution du programme Yoshida. Mais ce programme n'est pas suffisant : une nouvelle extension est nécessaire. En conséquence, la guerre avec la Russie étant terminée et son succès inattendu aidant, un nouveau programme fut proposé pour l'extension de l'Empire Japonais. Toute la nation fut encouragée à émigrer à Mexico et dans d'autres contrées de l'Amérique du Sud et des îles de l'Océan, avec des mots de passe politiques tels que: « Yare Mexico! Yare Nang-Yo ! » ce qui veut dire : « En avant vers Mexico, en avant vers le Sud. » Ces idées agressives étaient même lues aux petits écoliers et expliquées tout au long dans les livres de classe de géographie et d'histoire. D'un autre côté, la faiblesse de la Chine étant apparue, le vieil Empire devint, non seulement l'objet de l'agression Japonaise, mais une source de danger pour le prestige Japonais, depuis que la Chine était tombée sous l'influence des Puissances Européennes en leur accordant concessions sur concessions. La « Politique Chinoise » du Japon fut et est encore décrite comme étant « une politique de craintes » du côté Chinois; mais c'est plus que cela. Le Japon craint que la Chine soit sous la domination des Puissances Européennes et la crainte est assez justifiée. Mais le Japon craint aussi que ses intérêts et sa suprématie dans le vieil Empire soient compromis, et, pour réagir, il nourrit les plus noirs projets. C'est ce que l'on appelle quelquefois « la Politique Continentale du Japon » comprenant le formidable programme Yoshida. Sa politique mondiale peut être résumée comme suit :

a) Extension d'outre-mer. — Pour encourager l'émigration, tout à la fois aux continents Américains et aux îles Océaniques, autant que les circonstances le permettent, de façon à ce que l'idée de pénétration pacifique puisse être réalisée.

En excitant le peuple Indien contre la domination britannique; l'Indo-Chine Française, Java et Sumatra à la Hollande et les îles Philippines à l'Amérique peuvent être aisément annexées si la moindre occasion se présente;

b) Le Programme Yoshida. — Comme il est exposé ci-dessus.

c) Le Programme Continental. — Pénétrer dans les sphères occidentales de la Chine de telle sorte que la Chine entière soit réellement sous la domination du Japon en favorisant la dissolution de la République Chinoise et en y créant des partis antagonistes. Pénétrer aussi en Mongolie et imposer un protectorat sur le vaste pays, tout en extorquant autant que possible les avantages économiques de la Sibérie.

La Politique exécutée.

a) L'Extension d'outre-mer. — L'ambition Japonaise à cet égard est essentiellement dirigée contre les Puissances coloniales. Le Japon a courtisé Mexico avec les intentions les plus noires, comme il fit avec la Corée. Il a récolté quelques sympathies parmi les Mexicains dont l'anti-Américanisme et le pro-Japonisme ont provoqué de telles scènes scandaleuses, comme d'insulter ouvertement le « Stars and Stripes », tandis qu'on acclamait le « Soleil Levant » dans la capitale du Mexique. Il est confirmé aussi que le Japon a aidé les Mexicains en leur fournissant des munitions. Mais la doctrine de Monroë qui est constamment ridiculisée et dénoncée dans la presse et les écoles Japonaises et dans les Clubs de Tokio, s'est rendue complètement compte du danger qu'elle courait de l'autre côté du Pacifique. Le Japon a sursis pour un moment, mais il n'a pas abandonné son espoir.

La politique de pénétration pacifique dans le Continent Américain (les Etats-Unis et les Possessions Anglaises du Canada) est encore un sujet de controverses sans issue. La demande de traitement égal pour toutes races faite par le Japon à la Conférence de la Paix, à Paris, aurait rallié tous les peuples de l'Asie Orientale, si elle contenait quelque parcelle de sincérité, si elle émanait d'un « Prométhée des Peuples Asiatiques », du « Défenseur de la culture de l'Asie Orientale ». Cette demande avait réellement pour but de servir les émigrants Japonais des Continents Américains et du Pacifique du Sud. Mais comme il est clair que cette demande était une émanation de la politique d'outre-mer, aucun des peuples de la même race que les Japonais ne l'accueillerait avec sympathie.

Les Philippines se plaignent que leur mouvement d'Indépendance aurait dû être réalisé depuis longtemps, si le Japon avait abandonné son rêve d'agression contre le Pacifique du Sud. Le peuple Javanais déclare que ce qui importe tout d'abord et ce qui est le plus important pour son Indépendance et autonomie est « d'aider l'élément raisonnable du Japon » à écraser l'Impérialisme Japonais, tandis que le peuple Hollandais s'inquiète de ne pouvoir établir de bonne relation avec ses « Frères Coloniaux » à cause du danger Japonais. Tandis que quelques-uns des pensifs Indiens gardent une attitude critique contre l'aide bénévole Japonaise pour leur aspiration, les Australiens et les Nouveaux-Zélandais durent prendre parti contre l'Allié de leur Mère-Patrie.

Ainsi la politique agressive Japonaise d'extension d'outre-mer n'est pas seulement contre les intérêts vitaux des Puissances du Monde, mais par-dessus tout contre les peuples d'Extrême-Orient puisqu'elle empêche leurs propres aspirations. Le Japon lui-même savait depuis longtemps que l'exécution d'une telle politique ne trouverait pas seulement de grandes difficultés, mais aussi rencontrerait une réprobation universelle.

b) Le Programme Yoshida. — N'ayant pas abandonné l'espoir de l'extension d'outre-mer, le Japon dût se tourner vers une autre direction. Le programme Yoshida avait déjà été partiellement mis à éxécution aux dépens des peuples faibles, quand l'idée d'une extension d'outre-mer naquit... Le Japon avait annexé les îles Kuriles dans le Nord, il avait aussi annexé les îles Loochoo, qui étaient d'origine un royaume vassal de la Corée. L'annexion de ces îles n'a pas seulement apporté à l'Empire Japonais une grande quantité de terres et de population, mais elle a étendu l'influence Japonaise dans le Pacifique.

Tandis qu'il était décidé de commencer une politique agressive contre la Corée en 1873, le Japon avait envoyé une expédition *punitive* contre les tribus du Sud de Formose, qui avaient commis des atrocités sur des marins naufragés. Après la punition, le Japon avait décidé de ne pas retirer ses troupes de Formose et la Chine dut payer une somme considérable pour les dépenses de l'expédition afin d'éviter l'intentionnelle occupation permanente de l'île. Mais après la guerre avec la Chine, le Japon avait cédé l'île sans respect du désir de la population.

c) La Politique Coréenne. — B.-L. Putnam Weale dit, dans son livre intéressant et très impartial « *La Lutte pour la République en Chine* ». On affirme depuis longtemps que le conflit entre le Japon et la Chine eut son origine en Corée quand cette dernière était un État vassal de Pékin, et que le conflit devait s'arrêter là, puisque l'un des deux protagonistes combattant pour l'Empire, le Japon, fût laissé en prédominance indiscutée. Ce rapport étant imcomplet est dangereusement faux. Datant de cette période vitale d'il y a trente ans, quand Yuan Shih-Kai alla pour la première fois à Séoul... (quand la Chine a été forcée de s'occuper à protéger ses intérêts, après l' « ouverture » de la Corée par le traité Américain de 1882), trois contestants : la Russie, la Chine et le Japon, également intéressés dans l'équilibre de puissance occidentale en Extrême-Orient, étaient constamment les uns contre les autres avec la Corée comme champ de bataille commun. Et le Japon s'en sortit maître de la situation. Mais comment?

La « Politique Coréenne » du Japon fut peut-être le chef-d'œuvre de l'hypocrisie internationale.

Le Japon a expressément garanti l'Indépendance de la Corée en 1873, en 1885, en 1895, en 1902 et même en 1904, quand il fit le traité d'Alliance Offensive et Défensive avec la Corée, il a expressément « garanti l'intégrité et l'Indépendance » de cette dernière, sans faire aucun rapport détaillé concernant l'Histoire de l'Agression Japonaise contre la Corée, que l'on a brièvement exposée dans ce pamphlet sous le titre : « Corée et Japon » (voir page 8) ; la signification de la domination Japonaise doit être exposée ici.

Si nous regardons la carte de l'Asie Orientale, la Corée commande la totalité des côtes Orientales de la Chine et forme le terminus oriental du grand chemin de fer Sibérien. Ainsi une puissance militaire et navale comme le Japon peut commander les ports les plus importants de Chine et pénétrer aisément dans le grand Continent à travers la Mandchurie (voyez la carte II). La Corée sert l'Empire Japonais de trois façons : Premièrement, la péninsule est une source de richesse pour le peuple manufacturier Japonais et un nouveau foyer pour les émigrants Japonais. On montre sous le titre « La Corée sous le Japon » (voir page 12) comment le Gouvernement Japonais enrichit les impérialistes Japonais aux dépens des Coréens.

Deuxièmement, on verra que toute la côte du Pacifique de l'Asie Orientale est entourée par la longue chaîne d'îles appartenant à la grande puissance navale... le Japon, depuis les îles Kurile au Nord, à travers Hokkaido, Honsu, Hyushu et les îles de Loochoo et Formose. Ce grand mur de l'Empire Japonais fait de la mer du Japon, de la mer Jaune et de la mer de Chine « un lac » pour l'Empire Japonais. Aucune puissance sur la terre ne peut maintenir son droit légitime de commerce dans ces Hautes Mers appartenant au monde. En cas de guerre un blocus de la flotte Japonaise, affamerait toute la population du Continent et serait une sérieuse menace pour le commerce du monde. Mais une Corée Indépendante et une Chine forte briseraient l'hégémonie Japonaise dans ces Hautes Mers et par cet équilibre de puissance la prospérité de l'Asie Orientale et le libre commerce du monde peuvent être garantis.

Troisièmement, la Corée est employée comme le point d'appui de l'agression Japonaise contre le grand Continent. C'est seulement à travers la Corée que les impérialistes Japonais peuvent exécuter le rêve de dominer la péninsule Mandchurienne, la Mongolie, le Continent Chinois et les Champs Sibériens. Une Corée Indépendante rend la protection de ces « Intérêts Japonais » presque impossible, et la menace Japonaise au commerce, aux intérêts et à la paix du monde serait détruite sans aucun effort pour écraser le militarisme et la puissance navale des Japonais.

a) Programme Continental. — Le Programme Continental est exécuté de deux manières : d'abord, l'élimination graduelle de l'influence Européenne de l'Extrême-Orient ; ensuite, la pénétration pacifique dans le Grand Continent. Le premier but est effectué sous le nom déguisé d'une « Doctrine de Monroë » Asiatique accompagné d'une amère pensée de revanche. Quand le Japon eut annexé la Péninsule Liaotung après la guerre victorieuse contre la Chine, il parut aux puissances Européennes qu'une Mandchurie sous la domination Impérialiste Japonaise serait une menace éminente pour le commerce mondial comme cela est maintenant. En conséquence, la Russie, l'Allemagne et la France ont conseillé au Japon de s'abstenir d'annexer. Ce trait fut et est encore considéré au Japon non seulement comme une insulte à la nation Japonaise, mais aussi comme la plus grande obstruction au prestige Japonais. Comme revanche, la Russie fut chassée de la Péninsule Liaotung que le Japon a réellement annexée de nouveau. Le Japon ne l'a pas oublié, il a encore chassé l'Allemagne de toute la Péninsule du Shantung. Il est très clair que la France sera la prochaine puissance dont les possessions de l'Asie Orientale tomberont entre les griffes Japonaises à la première petite opportunité. De même, à quelque moment favorable, le Weu-Hai-Wei Britannique, Shanghai, Hongkong, et très probablement la Péninsule Malayan, l'Inde et l'Australie seront les victimes de l'Impérialisme Japonais. Ces faits montrent alors tout à fait clairement combien l'Impérialisme Japonais est dangereux pour les principales puissances du monde. Elles admettent ces dangers, mais elles ne semblent pas conscientes de leur réelle signification.

Après la guerre avec la Russie, les deux grandes Péninsules de Corée et du Liaotung tombèrent entre les mains des impérialistes Japonais. En partant de ces bases, le Japon a maintenant pénétré dans la Sibérie Orientale, dans la Mongolie intérieure de l'Est et dans le cœur de la Chine. Prenant l'opportunité des troubles bolcheviks en Russie, le Japon a occupé la Sibérie Orientale atteignant jusqu'au Baikal. Le Japon prend à présent des mesures pour capter des avantages économiques dans les champs riches de la Sibérie, fomentant le démembrement de la Russie par des propagandes dirigées par le gouvernement de Tokio. Mais chaque activité des Japonais nous porte à croire que le but du Japon est de forcer le faible gouvernement Mongolien à accepter le Protectorat Japonais. Rien ne peut mieux montrer l'intention Japonaise sur le Continent que les fameuses « 22 demandes » exigées de la Chine, tandis que les autres puissances sont engagées dans la guerre du monde.

C'est peut-être à peine nécessaire d'en établir les termes ici encore, car ils sont bien connus. Le premier des cinq groupes est l'annexion pure et simple du Shantung et le second traite des intérêts Japonais en Mandchurie et Mongolie, tels que la prolongation du bail de Port-Arthur et de Dalny avec les chemins de fer Mandchuriens pour quatre-vingt-dix-neuf ans, la liberté complète et les privilèges des émigrants Japonais dans toute la Mandchurie et la Mongolie, l'exclusion complète des intérêts d'une puissance tierce quelconque dans ces terres et l'emploi obligatoire des conseillers Japonais, politiques, financiers et militaires. Le troisième groupe traite de la Compagnie Hanyeping ayant pour but « le plan de conquête de la richesse minérale de « Yangtze Valley », comme Mr. Putnam Weale l'observe justement. « Ces richesses sont principalement autour de Yankow, grâce aux vastes plaines alluviales des parties en contre-bas de cette immense rivière, qui jadis formaient le sol de la mer Jaune. Celles-ci sont les provinces supérieures de Hupeh-Hunan, Kiansi, étant les régions des forêts préhistoriques couvrant les côtes, qui jadis domptaient la lente retraite des eaux et qui contiennent aujourd'hui tout le charbon et le fer. Les gens croient que cette vallée est une sphère britannique. Mais les Japonais ont été les premiers à oser dire que l'idée générale préconçue était stupide. Ils savent naturellement que ce fut une force britannique qui envahit la Vallée de Yangtze, il y a soixante-quinze ans et imposa la signature du traité de Nankin, qui ouvrit primitivement la Chine au commerce mondial. Mais ils ne sont en aucune façon impressionnés par les droits que cette action accordait, parce que les ressources minérales de cette région sont considérées inestimables à leurs yeux et doivent être gagnées de quelque façon. L'étude de ces vingt années d'histoire prouve que cette supposition est correcte. » Le quatrième groupe est l'expression de « la Politique de crainte », qui porte une atteinte sérieuse à la souveraineté Chinoise. Le cinquième montre l'intention Japonaise d'une pénétration pacifique en Chine qui fait de l'indépendance de la République Chinoise un mot dénué de sens, la Chine étant en réalité sous l'influence de l'Empire Japonais. Les conseillers Japonais politiques, financiers et militaires devraient simplement être employés comme dans le cas de la Corée avant l'annexion; la Chine devrait employer la police Japonaise d'un bout à l'autre du pays comme en Corée avant l'annexion ; la Chine devrait acheter des munitions au Japon seulement et les chemins de fer devraient être bâtis par les seuls Japonais. Ces termes ne satisfont encore pas la cupidité des impérialistes Japonais; la Chine ne devrait pas exercer sa souveraineté dans la province de Fukien sans le consentement du Japon. Afin d'espionner partout le pays et les habitants, le Japon a aussi demandé le droit de propagande missionnaire en Chine, malgré que tout le monde sache que la religion Japonaise est le Bouddhisme qui fut introduit au Japon par la Chine.

La Doctrine de Monroë Asiatique.

Quel est l'objet définitif de cette agression? Aux yeux Japonais, ainsi qu'il est noté ailleurs, l'extension nationale aux dépens des autres est la plus grande chose de l'humanité. L'agression Japonaise n'a pas d'autre but que celui de conquête pour l'intérêt seul des Japonais et du Japon. Mais le Japon ne perd aucune opportunité pour proclamer hautement la « Doctrine de Monroë » Asiatique, ainsi dénommée. Le Japon fait l'élimination des influences Européennes de l'Asie Orientale pour protéger cette doctrine. Mais l'hypocrisie superficielle peut être vue aisément si nous nous rappelons que, après « l'expulsion » de deux des puissances Européennes, les places conquises ont été immédiatement annexées à l'Empire Japonais deux fois plus formidable. D'autre part, l'esprit de cette politique indique le contraire de la doctrine. Le fait suivant peut renseigner tout à fait clairement sur son intention. Quand la Russie obtint d'affermer Port-Arthur à la Chine, il fut stipulé (article 5): « Port-Arthur sera un port naval pour l'usage unique des hommes de guerre Russes et Chinois », autrement dit, ce fut un droit d'ancrage auquel la Chine avait autant de droit que la Russie. Quand cette affaire fut portée aux négociations Sino-Japonaises après la guerre avec la Russie, les plénipotentiaires Japonais s'offensèrent immédiatement de cet accord et déclarèrent que c'était dans les annales de l'histoire que, pendant la période du bail Russe, deux croiseurs Chinois ayant essayé de pénétrer dans les docks, les Russes avaient dénié le droit, et en conséquence le droit était déchu.

Heureusement la Chine était en position de prouver par les livres de bord des deux croiseurs en question, que les autorités du port Russe avaient signalé à cette occasion « Docks occupés; pas de logement » ; et les négociateurs Japonais, finalement convaincus que le point était contre eux, agirent d'une manière qui répand une lumière intéressante sur leur profession d'amitié pour une « Parenté de race asiatique ». On ordonna aux autorités navales de dépouiller entièrement les docks de Port-Arthur de façon à ce qu'on ne puisse plus établir de chantiers de construction, et Port-Arthur qui avait abrité une flotte Russe plus formidable que la marine Japonaise en 1904, devint un abandonné et fut classé comme une station navale de deuxième classe pour en écarter les Chinois. Ce sont les faits qui se sont passés sur place en Extrême-Orient... ce sont les politiques étrangères du Japon démasquées. Ces faits, tels qu'ils sont, indiquent que la politique du Japon ne tend pas à faire une « Asie pour les Asiatiques », mais une Asie pour les Japonais eux-mêmes.

L'Empire Japonais et la Paix du Monde.

C'est maintenant tout à fait évident que l'existence de l'Empire Japonais seule est une grande menace à la Paix du monde puisque des politiques telles que celles du Japon Impérialiste sont certainement contre les existences des nations faibles et les intérêts vitaux des grandes puissances du monde. Imaginez un Japon Impérialiste dirigeant le Continent inépuisablement riche de l'Asie Orientale avec les formidables armée et marine qui, dans leur enfance, ont vaincu l'Impérialisme de Russie alors des plus formidables. On est en mesure de prévoir ce péril Japonais, abandonnant de soi-même le « péril jaune » imaginaire. Il semble que ce soit la distance qui pousse le public Européen et Américain à négliger de réaliser la pleine signification de ce danger. Mais avec les moyens actuels de communications, telles que les chemins de fer, bateaux et dirigeables, la distance a perdu son propre sens d'être une barrière pour l'invasion d'une partie du monde par une autre partie. Déjà le *Hochi*, l'organe du marquis Okuma, qui est l'homme d'Etat le plus populaire au Japon et dont les opinions politiques sont considérées comme étant au moins demi-officielles, prévoit un grand avenir à l'Empire Japonais. « Cet âge dans lequel l'Alliance Anglo-Japonaise était le pivot, et la coopération Américo-Japonaise un trait essentiel de la diplomatie Japonaise, n'est plus. Dans le futur nous ne devons pas nous tourner vers l'est pour l'amitié, mais vers l'ouest. Laissez renverser le Bolchevisme de Russie et établir une puissance par des éléments plus pacifiques. En eux, le Japon trouvera un allié fort. En marchant alors vers l'ouest, vers les Balkans, vers l'Allemagne, vers la France et vers l'Italie, la plus grande partie du monde peut être amenée sous notre prépondérance. La tyrannie des Anglo-Saxons à la Conférence de la Paix est telle qu'elle a fâché tout à la fois les dieux et les hommes. Quelques-uns peuvent peut-être les suivre en considération de leurs intérêts mesquins, mais les choses s'établiront à la fin ainsi qu'on vient de l'indiquer. » (Cité du récit de « *Literary Digest* », sous le titre « Anti-Américanisme au Japon », 5 juin 1919.) Ceci est le compte rendu évident de ce que sont les rêves du peuple Japonais encouragé par les instructions de ses hommes d'Etat, écrivains et professeurs. Cette ambition est essentiellement l'imitation du récent Prussianisme en Europe, qui a été arraché au peuple Allemand par les plus grands sacrifices que le monde ait jamais vus. Mais le Prussianisme est la plaie d'une nation militaire et, comme toutes les plaies, il atteint les autres dans des conditions similaires. Il affecta le peuple Japonais et il prit racine dans l'esprit Japonais. Il est nourri par la richesse inépuisable des terres de l'est en développement. Il est déjà profondément planté dans les sols fertiles, et le peuple devra sacrifier pour l'arracher bien plus qu'il n'a été fait depuis quatre ans. Mais il n'est jamais trop tard pour corriger un malheur qui croît et met en danger l'humanité. *Obsta principilis!*

APPENDICE

Déclaration d'Indépendance de la République de Corée

Nous, les représentants du peuple Coréen, par la présente, déclarons à toutes les nations du Monde, l'Indépendance de la Corée et la Liberté du peuple Coréen; et nous annonçons à nos enfants et petits-enfants les grands principes d'égalité humaine et le droit éternel de propre préservation. Pleins d'une auguste vénération pour les quatre mille ans de notre histoire et au nom de nos vingt millions d'habitants loyaux et unis, nous déclarons notre Indépendance pour garantir le libre développement de nos enfants dans tous les temps à venir; en conformité avec la conscience éveillée de l'homme dans cette nouvelle ère. Ceci est la claire inspiration de Dieu, le principe vivant de l'âge présent et le juste droit de la race humaine.

Victimes du temps passé, quand la force brutale et l'esprit de pillage régnaient, nous avons souffert l'agonie d'une oppression étrangère pendant les derniers 10 ans: nous avons été privés de tous droits d'existence nous avons été dépouillés de notre liberté de penser et de parler; on nous a refusé toute juste participation dans le progrès intelligent de l'âge dans lequel nous vivons.

Assurément si les torts du passé doivent être redressés, si la souffrance du présent doit être soulagée, si une oppression future doit être évitée, si la pensée doit être exprimée librement, si le droit à l'action doit être reconnu, si nous devons obtenir le privilège du libre développement, si nous devons délivrer nos enfants de l'héritage douloureux et honteux : ce qui s'impose d'abord c'est la complète Indépendance de notre nation. Aujourd'hui, nous tous et chacun de nous vingt millions de Coréens, armés des principes d'équité et d'humanité, nous nous levons pour la vérité et la justice. Quelles barrières sont sur notre chemin, que nous ne puissions briser?

Nous n'avons nullement l'intention d'accuser le Japon de fausseté quand il imputa à la Chine d'avoir violé le traité de 1876; d'arrogances injustifiées quand ses bureaucrates nous traitent comme un peuple conquis; de desseins honteux, lorsqu'il bannit notre cher langage et notre histoire; de honte, quand il employa des moyens intellectuels afin de paralyser notre culture (de laquelle dérive sa propre civilisation) dans les terres étrangères comme celles des sauvages, se complaisant à nous fouler sous sa botte.

Ayant de plus nobles devoirs, nous n'avons pas le temps de trouver des torts aux autres. Notre besoin urgent est le rétablissement de notre maison et non la discussion de ce qui l'a détruite. Notre travail est d'éclaircir l'avenir en accord avec les ordres formels dictés par la conscience de l'espèce humaine. Ne nous offensons pas des torts du passé.

Notre rôle est d'influencer le gouvernement Japonais obstiné comme il l'est dans ses anciennes méthodes de force brutale contre l'humanité, de façon qu'il puisse modifier avec sincérité ses principes dirigeants selon la justice et la loyauté. Ayant annexé notre contrée sans le consentement de notre peuple, le Japon a établi à son propre bénéfice de faux comptes de profits et pertes : il nous a opprimés de façon indescriptible creusant un fossé de haine de plus en plus profond.

Les torts du passé ne seront-ils pas redressés par une raison éclairée et un noble courage? Est-ce qu'une compréhension sincère et une amitié loyale fourniront les bases de nouvelles relations entre les deux peuples? Nous aveugler, nous, vingt millions de Coréens par pure force, ne signifie pas seulement la perte de la paix pour toujours entre les deux nations, mais ce serait la cause d'une défiance et d'une haine toujours grandissantes contre le Japon de la part de 400 millions de Chinois qui sont le pivot sur lequel repose la paix perpétuelle de l'Asie orientale.

Le temps de la force est passé, une nouvelle ère : la renaissance universelle que nous envisageons sans hésitation et sans crainte. Pour la liberté de notre peuple Coréen, pour le développement libre de notre génie national, pour l'inviolabilité de notre sol, nous sommes tous unis par une mâle détermination en ce jour mémorable! Puisse l'esprit de nos aïeux nous aider à l'intérieur et la force morale du monde nous aider à l'extérieur! Que ce jour soit celui de notre réussite et de notre gloire!

Dans cet esprit nous nous engageons à observer les trois résolutions suivantes :

1° Pour la justice, l'humanité et l'honneur, nous tâcherons qu'aucune violence ne soit faite à qui que ce soit!

2° Jusqu'au dernier homme, jusqu'au dernier moment nous garderons ce même esprit.

3° Tous les actes seront honorables et en continuel accord avec notre esprit Coréen de probité et de franchise.

En cette quatre mille deux cent cinquante-deuxième année de la fondation de notre nation Coréenne, en ce premier jour du troisième mois

Au nom du peuple Coréen,

Signatures des trente-trois représentants du peuple Coréen.

Les Buts et l'Aspiration du Peuple Coréen

I. — Nous croyons dans un gouvernement qui reçoit des gouvernés son pouvoir légitime. Par conséquent, le gouvernement doit être administré pour les intérêts du peuple qu'il gouverne.

II. — Nous proposons d'avoir un gouvernement sur le type de celui de l'Amérique, autant que possible, compatible avec l'éducation des masses. Pour la première décade, un pouvoir plus centralisé dans le gouvernement peut être nécessaire; mais dans la mesure où l'éducation du peuple progressera et où il acquèrera plus d'expérience dans l'art de se gouverner lui-même, il lui sera permis de participer plus universellement aux affaires gouvernementales.

III. — Pourtant, nous proposons de donner le droit universel d'élire des législateurs locaux et provinciaux, et le droit à ces législateurs provinciaux d'élire les représentants de la Législation nationale. Les législateurs nationaux possèderont le pouvoir en coordination avec le Département Exécutif du Gouvernement; ils auront le pouvoir unique de faire les lois de la Nation et seront seuls responsables envers le peuple qu'ils représentent.

IV. — Le Département Exécutif comprendra le Président, le vice-Président et les ministres du Conseil qui mettent en exécution toutes les lois faites par la Législation Nationale. Le Président et son Conseil sont responsables envers la Législation Nationale.

V. — Nous professons la liberté de religion. N'importe quelle religion ou doctrine sera librement enseignée et prêchée dans le pays, à condition que son enseignement n'entre pas en conflit avec les lois ou les intérêts de la nation.

VI. — Nous professons la liberté du commerce avec toutes les nations du monde assurant aux citoyens et sujets de toutes les puissances commerçantes une égale facilité et protection pour développer des relations commerciales et industrielles entre eux et la population Coréenne.

VII. — Nous professons l'éducation du peuple qui est plus importante qu'aucune autre activité gouvernementale.

VIII. — Nous professons les progrès de l'hygiène moderne sous le contrôle de la science, car la santé du peuple est une des considérations premières de ceux qui gouvernent.

IX. — Nous professons la liberté des discours et la liberté de la presse. En fait, nous sommes en accord complet avec le principe de la démocratie, de la réciprocité de traitement, d'une saine économie politique, des libres rapports entre les nations du monde, ce qui rend les conditions de vie de tout le peuple très favorables à un développement illimité.

X. — Nous professons la liberté d'action dans tous les domaines, à condition que ces actions n'aillent pas à l'encontre des droits d'autrui ou ne soient en conflit avec les lois et intérêts de la nation.

Donnons solennellement notre parole d'exécuter ces points essentiels dans la plus grande mesure de nos forces, aussi longtemps qu'un souffle de vie nous restera.

LES TEXTES DES TRAITÉS

a) Le Traité Japano-Coréen du 26 Février 1876

Les Gouvernements du Japon et de la Corée, désireux de renouer les relations amicales existant depuis longtemps entre eux et de consolider les sentiments d'amitié des deux Nations sur une base encore plus ferme, ont, à cet effet, nommé des plénipotentiaires, à savoir :

Le Gouvernement du Japon, KURODA-KIYOTAKA, Haut-Commissaire Extraordinaire en Corée, Lieutenant-Général et Membre du Conseil privé, Ministre du Département des Colonies, et INOUYE KAORU, Vice-Haut-Commissaire Extraordinaire en Corée, Membre du Genro In.

Le Gouvernement de Corée, SHIN-KEN, HAN-CHOO-SOU-FOO, et IN-JISHO, FOU-SO-FOU, FOUKOU-SO-KWAN, lesquels, conformément aux pouvoirs reçus de leurs gouvernements respectifs, sont convenus des dispositions suivantes :

Article 1.

La Corée, étant un Etat indépendant, jouit des mêmes droits souverains que le Japon.

Afin de prouver la sincérité de l'amitié existant entre les deux nations, leurs rapports s'échangeront désormais dans des termes d'égalité et de courtoisie, chaque pays évitant d'offenser l'autre par une attitude arrogante ou soupçonneuse.

Avant toute autre chose, tous les règlements précédents susceptibles d'entraver les rapports amicaux seront totalement abrogés, et, à leur place, seront établis des règlements libéraux, destinés, dans leur usage général, à assurer une paix ferme et perpétuelle.

Article 2.

Le Gouvernement du Japon, à un moment quelconque des quinze mois qui suivront la date de la signature de ce Traité, aura le droit d'adresser à la capitale de la Corée un Envoyé qui sera admis à conférer avec le Reisohan-sho sur des questions de nature diplomatique. Il pourra résider dans la capitale ou retourner dans son pays, sa mission une fois accomplie.

Le Gouvernement de Corée, de la même façon, aura le droit d'adresser un Envoyé à Tokio (Japon), qui sera admis à conférer avec le Ministre des Affaires Etrangères sur des questions de nature diplomatique. Il pourra résider à Tokio, ou retourner chez lui, sa mission une fois accomplie.

Article 3.

Toutes les communications officielles adressées par le Gouvernement du Japon à celui de Corée seront rédigées en langue Japonaise, et pendant une période de dix ans à partir d'aujourd'hui, elles seront accompagnées d'une traduction Chinoise. Le gouvernement de Corée emploiera la langue Chinoise.

Article 4.

Sorio en Fousan (Corée), où se trouve un établissement officiel Japonais, est un lieu originairement ouvert aux relations commerciales avec le Japon, et le commerce se fera désormais en ce lieu, conformément aux clauses de ce Traité, qui abolissent toutes les anciennes coutumes, telles que la pratique du Sai-ken-sen (jonque envoyée annuellement en Corée par le défunt prince de Tsushima, afin d'échanger une certaine quantité d'articles).

En plus de l'endroit susnommé, le Gouvernement de Corée consent à ouvrir deux ports, comme le mentionne l'article 5 du présent Traité pour les relations commerciales avec des Japonais.

Dans les lieux en question, les sujets Japonais seront libres de louer du terrain, d'y élever des constructions, de louer également des constructions appartenant à des sujets Coréens.

Article 5.

Sur la côte des cinq provinces suivantes : Keikin, Chiusei, Jenra, Kensho et Kankio, on choisira deux ports appropriés à des fins commerciales, et ces ports seront ouverts au temps du vingtième mois après le second mois de la neuvième année de Meiji, ce qui, pour la date Coréenne, correspond à la première lune de l'année Hei-shi.

Article 6.

Lorsque des bateaux Japonais, pour cause de gros temps ou manque de ravitaillement en combustible et provisions, ne pourront pas atteindre l'un ou l'autre des ports ouverts de la Corée, ils pourront entrer dans n'importe quel port ou hâvre, pour s'y réfugier ou se ravitailler en bois, charbon, etc., ou pour être réparés; le propriétaire du bateau paiera les dépenses occasionnées. En de pareils cas, les fonctionnaires et habitants de la localité prodigueront leur sympathie en rendant service, et témoigneront de leur libéralité en fournissant les matières nécessaires.

Si un bateau de l'un ou l'autre pays fait naufrage ou échoue sur les côtes Japonaises et Coréennes, les habitants du voisinage feront tous leurs efforts pour sauver l'équipage, informeront du désastre les autorités locales, qui rapatrieront les naufragés ou les enverront au représentant de leur pays résidant au port le plus proche.

Article 7.

Les côtes de Corée, étant jusqu'ici demeurées sans surveillance, sont très dangereuses pour les bateaux qui s'en approchent, et afin de préparer des cartes montrant la position des îles, des rochers, des récifs, la profondeur de l'eau, tous renseignements facilitant à tous les navigateurs le passage entre les deux pays, les marins Japonais peuvent librement étudier lesdites côtes.

Article 8.

Le Gouvernement du Japon nommera un agent qui résidera dans les ports ouverts de Corée, pour protéger les marchands ressortissants Japonais, pourvu qu'un tel arrangement soit jugé nécessaire. S'il se présentait quelque question intéressant les deux nations, ledit agent conférerait avec les autorités locales Coréennes pour en décider.

Article 9.

Des relations d'amitié ayant été établies entre les deux parties contractantes, leurs sujets respectifs peuvent librement entreprendre des affaires sans l'ingérence des agents d'aucun gouvernement, sans limitation ni prohibition commerciale.

En cas de fraude ou de refus d'un marchand de l'un des pays de payer une dette, les agents de l'un ou l'autre gouvernement feront de leur mieux pour inciter le délinquant à la justice et exiger le paiement de la dette.

Les Gouvernements Japonais et Coréen ne seront jamais tenus pour responsables pour le paiement de pareilles dettes.

Article 10.

Si un Japonais résidant dans un port ouvert de Corée commet quelque délit contre un Coréen, il sera poursuivi par les autorités Japonaises. Si un sujet Coréen commet quelque délit contre un sujet Japonais, il sera poursuivi par les autorités Coréennes. Les délinquants seront punis selon les lois de leurs pays respectifs. La justice sera équitablement et impartialement administrée des deux côtés.

Article 11.

Des relations amicales ayant été établies entre les deux parties contractantes, il est nécessaire de prescrire des relations commerciales dans l'intérêt des marchands des pays respectifs.

Ces règlements commerciaux, ainsi que les clauses détaillées qui suivront les articles du présent traité, afin d'en développer le sens et d'en faciliter l'observance, seront posés dans la capitale de la Corée ou à Kokwa-Fou, dans le pays, au cours des six mois qui vont suivre, par des Commissaires spéciaux nommés par les deux pays.

Article 12.

Les onze articles précédents sont applicables à la date de la signature du Traité, et seront observés par les deux parties contractantes fidèlement et invariablement, ce qui assurera aux deux pays une amitié perpétuelle.

Le présent Traité est exécuté en double, et des copies seront échangées entre les deux parties contractantes.

En foi de quoi, nous, Représentants plénipotentiaires du Japon et de la Corée, nous avons apposé nos sceaux ci-dessous, au 26e jour du second mois de la neuvième année de Meiji et la 2536e depuis l'avènement de Jimmou Tenno; et, selon l'ère Coréenne, le 2e jour de la seconde lune de l'année Heishi, la 485e depuis la fondation de la Corée.

(*Signé*) :

Kouroda Kiyotaka.
Inouye Kaorou.
Shin Ken.
In Ji-Sho.

b) Extrait des Traités entre les Puissances Occidentales

I. Extrait du traité d'amitié, de commerce et de navigation, 4 juin 1886, entre la France et la Corée (1).

Article premier.

1. Il y aura paix et amitié perpétuelle entre le président de la République Française, d'une part, et Sa Majesté le roi de Corée, d'autre part, ainsi qu'entre les ressortissants des deux Etats, sans exception de personnes ni de lieux. Les Français et les Coréens jouiront, dans les territoires relevant respectivement des hautes parties contractantes d'une pleine et entière protection pour leurs personnes et leurs propriétés.

2. S'il s'élevait des différends entre une des deux parties contractantes et une puissance tierce, l'autre partie contractante pourrait être requise par la première de lui prêter ses bons offices, afin d'amener un arrangement amiable.

II. Extrait du traité d'amitié et de commerce, 22 mai 1882, entre les Etats-Unis d'Amérique et la Corée.

Article premier.

Il y aura paix et amitié perpétuelle entre le président des Etats-Unis et le roi de Corée et entre les citoyens et les sujets de leurs gouvernements respectifs.

Si les autres puissances agissent injustement ou oppressivement envers l'un de ces deux gouvernements, l'autre emploiera ses bons offices aussitôt informé, pour amener un arrangement amical, montrant ainsi leurs sentiments amicaux.

(1) Le même texte parut dans des traités similaires d'Amitié, de Commerce et Navigation, avec la Grande-Bretagne en 1883, l'Allemagne en 1883, l'Italie en 1884, l'Autriche-Hongrie en 1892, la Belgique en 1901, le Danemark en 1902, reconnaissant également l'Indépendance de la Corée.

c) Les Pourparlers Sino-Japonais de Shimonoseki (1895)

Les plénipotentiaires Chinois et Japonais, qui se sont réunis à Shimonoseki pour discuter les conditions de la paix entre les deux pays, se sont occupés de la question de l'Indépendance de la Corée. Les Japonais ont fait le 1er avril, la proposition suivante :

« La Chine reconnaît définitivement la pleine et complète indépendance et autonomie de la Corée, et en conséquence, le paiement du tribut, la présentation et l'accomplissement des formalités et hommages de la Corée à la Chine qui étaient une dérogation à son indépendance et autonomie, devront complètement cesser dans l'avenir. »

En réponse Li Hang Chang a écrit :

« Le Gouvernement Chinois a déclaré volontairement, il y a déjà deux mois, reconnaître la pleine et entière indépendance de la Corée et garantir sa neutralité, et il est prêt à insérer une telle stipulation dans le traité; mais, à titre de légitime réciprocité, le Japon doit prendre le même engagement. L'article en question doit, par conséquent, être modifié dans ce sens. »

Le 6 avril, les Japonais ont demandé au plénipotentiaire Chinois, de proposer la formule de la clause. Ceci a été fait le 9 avril en termes suivants :

« La Chine et le Japon reconnaissent la pleine et entière indépendance et autonomie et garantissent la complète neutralité de la Corée. Il est convenu que toute immixtion de l'une ou de l'autre partie contractante dans les affaires intérieures de la Corée, contraire à son autonomie, et l'accomplissement des formalités ou présentation des hommages incompatibles avec son indépendance devront complètement cesser dans l'avenir ».

Le Japon a répondu le 10 avril :

« Les plénipotentiaires Japonais trouvent nécessaire de maintenir le texte primitif de l'article comme il a été présenté au plénipotentiaire Chinois. »

La clause définitive reproduit ce texte primitif proposé par le Japon.

d) Japon et Corée (1904)

Hayashi Gonsouké, envoyé extraordinaire et Ministre Plénipotentiaire de Sa Majesté l'Empereur du Japon, et le Major-Général Yé Tchi-Yong, Ministre d'Etat pour les Affaires Etrangères *ad interim* de Sa Majesté l'Empereur de Corée, étant chacun dûment chargés de pouvoirs à cet effet, sont convenus des dispositions suivantes :

ARTICLE 1.

Dans le but de maintenir une amitié durable et solide entre le Japon et la Corée et d'établir une paix ferme en Extrême-Orient, le Gouvernement Impérial de Corée placera son entière confiance dans le Gouvernement Impérial du Japon et se conformera au conseil de ce dernier quant aux progrès à introduire dans l'administration.

ARTICLE 2.

Le Gouvernement Impérial du Japon, dans un esprit de solide amitié, assurera à la Maison Impériale de Corée repos et sécurité.

ARTICLE 3.

Le Gouvernement Impérial du Japon garantit expressément l'indépendance et l'intégrité territoriale de l'Empire Coréen.

ARTICLE 4.

Au cas où le salut de la Maison Impériale de Corée, ou bien l'intégrité territoriale de la Corée serait mis en danger par l'agression d'une tierce Puissance ou par des troubles intérieurs, le Gouvernement Impérial du Japon prendra immédiatement les mesures nécessaires réclamées par les circonstances, et, dans ces cas, le Gouvernement Impérial de Corée donnera au Gouvernement Impérial Japonais toutes les facilités nécessaires au succès de son action.

Le Gouvernement Impérial du Japon pourra, afin de remplir le but sus-mentionné, occuper, lorsque les circonstances le réclameront, les lieux qui pourront lui être nécessaires au point de vue stratégique.

ARTICLE 5.

Le Gouvernement des deux pays ne conclura pas, dans l'avenir, avec une tierce Puissance, et sans un consentement mutuel, un accord qui pourrait être contraire aux principes du présent Protocole.

ARTICLE 6.

Les détails relatifs au présent Protocole seront décidés, suivant que les circonstances le réclameront, entre les Représentants du Japon et le Ministre d'Etat pour les Affaires Etrangères de Corée.

(Signé) :

HAYASHI GONSUKE,
Envoyé extraordinaire et Ministre Plénipotentiaire.
Le 23e jour du 2d mois de la 37e année de Meiji

(Signé) :

Major-Général YE TCHI-YONG,
Ministre d'Etat intérimaire pour les Affaires Etrangères.

Le 23e jour du 2d mois de la 8e année de Kwang-mou.

ÉDITION ARTISTIQUE ET IMPRIMERIE ROBERT RÉUNIES
77, rue Rochechouart, PARIS-IXe

www.ingramcontent.com/pod-product-compliance
Ingram Content Group UK Ltd.
Pitfield, Milton Keynes, MK11 3LW, UK
UKHW021816190726
13853UKWH00003B/1025